"互联网+"时代高校课堂教学模式改革理论与实践研究

闫晓静◎著

吉林出版集团股份有限公司

全国百佳图书出版单位

图书在版编目（CIP）数据

"互联网+"时代高校课堂教学模式改革理论与实践
研究 / 闫晓静著 . -- 长春 : 吉林出版集团股份有限公
司 , 2023.3

ISBN 978-7-5731-3098-3

Ⅰ . ①互… Ⅱ . ①闫… Ⅲ . ①高等学校－课堂教学－
教学改革－研究 Ⅳ . ① G642.421

中国国家版本馆 CIP 数据核字 (2023) 第 051174 号

"互联网+"时代高校课堂教学模式改革理论与实践研究

"HULIANWANG +" SHIDAI GAOXIAO KETANG JIAOXUE MOSHI GAIGE LILUN YU SHIJIAN YANJIU

著　　者	闫晓静
责任编辑	李　娇
封面设计	李　伟
开　　本	710mm×1000mm　　　1/16
字　　数	220 千
印　　张	13
版　　次	2023 年 9 月第 1 版
印　　次	2023 年 9 月第 1 次印刷
印　　刷	天津和萱印刷有限公司

出　　版	吉林出版集团股份有限公司
发　　行	吉林出版集团股份有限公司
地　　址	吉林省长春市福祉大路 5788 号
邮　　编	130000
电　　话	0431-81629968
邮　　箱	11915286@qq.com
书　　号	ISBN 978-7-5731-3098-3
定　　价	78.00 元

前　言

在信息技术飞速发展的时代，互联网思维正全面地改造着世界，这对各行各业产生了巨大的影响。"互联网＋"基于应用互联网平台将新一代信息技术深度融入校园的各个角落。"互联网＋"使个人能共享、获取、使用和创造知识，对高校教育教学、科学研究、管理服务以及师生的观念产生了深刻的影响，促使高校重塑一个开放、创新的教育生态。"互联网＋"给高校带来的不仅是技术层面的革新，更是对教育理念、教学方法、教学模式以及教学评价等方面的深层次影响。面对"互联网＋"时代的到来，高校课堂教学亟须做出相应的变革和创新，如此才能促进高校更好、更快地发展。

在互联网时代背景下，面对新的教学形势和教学改革的要求，如何打造高效课堂以及新课改所要求的课堂教学，如何进行创新是高校亟待解决的问题。教师和教学不能墨守成规，要进行变革和创新，积极应对互联网时代所带来的教学挑战。教师在教学的过程中，要有创新意识，不断分析改进课堂；要有分享意识，在互联网中进行资源共享；更要将互联网与教学紧密地结合起来，提高高校的教学质量，推进高等教育的创新发展。"互联网＋教育"是在充分认识教育本质的基础上，用互联网思维重塑教育模式、内容、方法、评价等的过程性活动。从本质上而言，这是一场由技术推动的教育变革，而互联网只是用来提升和变革教育的技术手段。因此，面对"互联网＋"时代的到来，高校课堂教学模式的变革要从教育的本质需求出发，合理利用互联网技术，推动高等教育大转型。

本书共分为五个章节，第一章为"互联网＋"背景下的现代教育技术，主要介绍了现代教育技术的概述、现代教育技术教学应用的相关理论以及现代教育技术在高校教学中的运用三个方面。第二章为"互联网＋"时代高校课堂的教学方法改革分析，分别从"互联网＋"时代高校教学方法的概述、"互联网＋"时代高校教学方法改革的必要性和意义、"互联网＋"时代高校教学方法的选择运用三个角度展开了论述。第三章为"互联网＋"时代高校课堂的教学模式改革理论，重点介绍了"互联网＋"时代高校翻转课堂改革理论分析、"互联网＋"时代高校转动课堂改革理论分析以及"互联网＋"时代高校慕课混合式教学课堂改革理论分析。第四章为"互联网＋"时代高校课堂的教学模式改革实践，分别阐述了"互联网＋"时代高校翻转课堂改革实践案例、"互联网＋"时代高校转动课堂改革实践案例以及"互联网＋"时代高校慕课混合式教学课堂改革实践案例。第五章为"互联网＋"时代高校课堂的教学模式改革评价，主要介绍了高校课堂教学评价体系的现状以及高校课堂教学模式改革评价体系的构建。

在撰写本书的过程中，作者得到了许多专家学者的帮助和指导，参考了大量的学术文献，在此表达真诚的感谢。本书内容系统全面，论述条理清晰、深入浅出，但由于作者水平有限，书中难免会有疏漏之处，希望广大同行及时指正。

闫晓静

2022 年 7 月

目　录

第一章 "互联网+"背景下的现代教育技术

"互联网+"可以理解为利用信息通信技术和互联网平台使互联网和传统行业进行深度融合，使其创新成果深度融合于经济、社会各领域之中，形成新的发展生态。当前，以信息技术、互联网等为代表的新型技术正在向人类生活的各个领域渗透，特别是带动了教育技术的更新发展，本章主要论述"互联网+"背景下的现代教育技术，从三个方面展开详细介绍，分别是现代教育技术的概述、现代教育技术教学应用的相关理论和现代教育技术在高校教学中的运用。

第一节 现代教育技术的概述

一、教育技术的概念与内涵

（一）教育技术的概念

我们可以用人们熟悉的方式和不熟悉的方式来解释教育技术。人们熟悉的解释方式是，以计算机、投影器、电视等现代媒体为主，将这些媒体应用到教学领域，主要为教学目标服务，与教师、教材等共同组成了教学的要素。除上述解释外，其他解释方式对很多人来说都比较陌生，比如教育技术是超过了任何特定媒体或设备及其各组成要素的总和。教育技术将具体目标作为出发点，充分分析人类学习和传播的相关理论，在实践研究的基础上将人力与非人力资源利用结合起来，为系统地设计、实施和评价整个教学过程提供便利条件。

19世纪末，以电子媒体技术为代表的科技成果开始大量出现，而且应用十分广泛，逐渐呈现出大众化趋势。在教育教学中应用电子媒体技术或其他新产品的实践活动也不断地在教育界出现。随着教育教学理论研究的不断深入和新科技、新产品在教育教学中的广泛应用，逐渐出现了多种关于教育技术的解释。在20世纪60年代，许多关于教育技术的名称开始出现，如"视听教育""教学媒介""教育传播""教育技术""教学技术"等出现在《视听教学》杂志（1965年出版，出版单位为美国视听教育协会，后更名为美国教育传播与技术协会）上。随着新技术在教育领域的大量运用，相关的理论研究与实践活动也在不断地增加。1972年，AECT（美国教育传播与技术协会）正式将这一研究领域及相关实践活动领域定名为"教育技术"。西方国家对此积极响应，世界大多数国家逐渐接受了这一观点。但在这一阶段，学者主要还是从物化技术的理论研究及实践应用上来解释教育技术。

1977年，AECT从新的视角阐释了教育技术的含义，指出教学过程中应用的所有技术方法手段统称为教育技术，这个解释将系统方法的含义融入其中。从这个解释来看，教育技术包括技术方法与技术手段，方法论层面的技术方法强调基于系统理论与方法的设计理念，物化技术层面的技术手段指的是教育媒体的应用技术。将系统方法的内涵融入教育技术的定义中，表明教育技术获得了新的发展。随着电子媒体技术的快速发展，人们对教育资源、教育过程和教育模式有了更加深刻的认识，也更全面、更深入地了解了教育技术的概念和发展。

AECT在1994年重新阐述了教育技术的定义，即教育技术是对学习资源和学习过程进行开发设计、利用、评价和管理的理论与实践。从新的定义来看，教育技术的范畴有了一定的拓展，整个教学系统和学习过程的方方面面都囊括其中，在新的理论（以系统方法为核心）指导下，深入研究与科学设计相关因素，高效利用丰富的资源，整合优化各种方法，从而提高教学效果。2004年，AECT经过多年的不断研究和实践，重新对教育技术的定义做了更全面、准确的表述，即教育技术是通过创造、使用、管理适当的技术过程和资源，促进学习和改善绩效的研究与符合道德规范的实践。

（二）教育技术的内涵

从教育技术定义的最新表述来看，教育技术是在多个方向开展的相关研究与广泛应用，主要表现形式有理论，也有实践。下面从教育技术的研究对象与研究范畴两个方面来解释教育技术的内涵。

1. 教育技术的研究对象

教育技术以下列两个方面为主要研究对象：

第一，学习过程。这是时间层面的研究对象，指的是学习的运行状态，具有动态性。

第二，学习资源。这是空间上的静态结构，其构成要素是物化材料，学习资源是学习环境的重要组成要素之一。

学习过程与学习资源体现了时间与空间的结合，它们是教学系统的主要构成成分。通过控制研究系统而提高学习效果正是教育技术的主要任务。

2. 教育技术的研究范畴

教育技术的研究内容是控制与分析研究对象，具体包括以下几方面：

（1）学习过程和学习资源的设计

这一范畴就是在相关理论（教学理论、媒体传播、学习心理等）的指导下，完整而详细地设计教学系统，以达到预期的学习目标。这个过程包括多个环节，如分析学习者、学习目标、学习内容，选择教学媒体、教学策略，评价学习效果等。在教学设计中，这是一个非常重要的组成部分，也是比较独立的研究方向。

（2）学习过程和学习资源的开发

这一范畴主要研究在教学过程中如何有效应用各种教学模式、媒体技术，这其实也是用实践数据支持理论发展的过程。并不是仅仅采用某种媒体技术对教学产品进行制作就能完成对学习过程与资源的开发，更重要的是要从实践上改进整个教学系统。开发的范围有大有小，某个教学项目、某节课或某个系统工程规划都可以开发。

（3）学习过程和学习资源的利用

这一范畴主要研究如何对源源不断的新技术、最新科学成果及相关信息资源进行利用与传播。

（4）学习过程和学习资源的管理

这一部分主要研究如何规划、组织及调控学习过程和优化整合学习资源。管理对象包括信息与资源、教学系统、教学研究等。优化教学效果离不开科学的管理。

（5）学习过程和学习资源的评价

这一部分主要研究如何评价整个教学系统的运行状态及运行效率。我们既要评价单一环节或因素，又要评价整个系统，将形成性评价与总结性评价结合起来，从多种角度，采用多种方式进行科学评价，完善评价体系，从而更有效地改进教学系统研究。

以上分别解释了教育技术各部分的内涵，各部分之间相互联系、相辅相成，而非绝对孤立与封闭的。在教育实践中，各部分经常是结合在一起出现的，如设计与开发的结合、开发与利用的结合、设计与评价的结合、利用与管理的结合等。可以说，教育技术是为了实现最优化的教学效果而在综合运用相关理论与技术的过程中对各教学系统的研究和实践。从学科属性来看，教育技术属于教育学科的范畴，但具有交叉性、综合性等鲜明特征的教育技术又不仅仅属于教育学科，正因如此，才对学习者的综合素质提出了更高的要求。

二、现代教育技术的概念与内涵

（一）现代教育技术的概念

如果将教育技术分为古代教育技术、近代教育技术、现代教育技术，或分为传统教育技术和现代教育技术是不规范的，也就是说不能以明确的时代作为对教育技术的界定标准。有学者指出，教育技术作为一个新兴学科，其发展，也是近几十年的事，现代教育理论和现代科技成果是教育技术得以发展的重要基础，所以不需要以传统和现代为标准来划分教育技术。随着信息时代的到来，信息技术的飞速发展使得人们越来越容易接受现代教育技术。我国教育技术学术界普遍认为，现代教育技术就是将现代信息技术作为核心技术，以现代教育思想和方法及学习心理学成果为依据，进行的教育技术研究和实践活动。在互联网信息技术还不像今天这样普及时，教育技术的发展主要依靠教育理论和媒体技术，因而当时产生的教育技术与现代教育技术是不同的，现代教育技术的内涵更加丰富，还涵盖了信息化、信息技术和信息时代的内容。

（二）现代教育技术的内涵

下面主要从三个方面来理解现代教育技术的内涵：

1. 以信息技术为主要依托

就本质而言，教育的过程是由信息的产生、选择、存储、传输、转换以及分配等一系列环节组成的系统工程。在这个工程中所采用的多媒体技术、电子技术、信息处理技术、网络通信技术等各种先进技术都属于信息技术。在教育中引进这些技术，可使信息传播速度更快、教师教学效率更高。当今社会，知识迅速增加，在这个环境下，教学效率备受重视，教学质量的提高首先需要提高教学效率。

2. 强调以学习者为中心

以学习者为中心是现代教育技术学科强调的一个重要观点，具体可以从以下几方面体现：首先，在确定教育目标时，要使社会的要求、学习者的需求都能得到满足，鼓励学习者的多样化发展。其次，在选择教育内容时，要以学习者需要学和适合学的内容为主。再次，在选择教育方法时，要鼓励学习者自主学习和小组合作学习，培养学习者的合作能力、团结意识、人际交往能力等非认知技能，使其更好地适应生活。最后，在安排教育形式时，要以灵活的形式为主，与学习者的学习、生活相协调，巩固终身教育的地位。

3. 使学校更加开放，合理配置社会教育资源

多媒体技术与计算机网络的普及使得社会成为一个密不可分的整体，学习者可以从自身的学习目的、学习需求出发，对学校、课程及教师进行自由选择，学校之间、学校与社会之间逐渐失去了明确的界限，社会教育资源将因学习者的需求而合理分配，人为因素的影响会越来越弱，社会人力、物力、财力等资源将会得到更加充分的运用。

三、现代教育技术的发展历程

（一）现代教育技术的产生

教育作为人类社会中一个特殊的现象，其产生与发展是随着社会的产生与发展及物质生产的发展而实现的。19世纪末期，现代工业生产快速发展，机械化水平越来越高，生产方式和管理方式越来越先进，社会对人才的要求也越来越高，

主要体现在人才层次、人才数量和人才质量上。为适应社会发展和满足社会的需求，教育领域必然会做出相应的改革，包括对教育思想、教育观念、教育方法、教育结构等各要素的改进。另外，自然科学从文艺复兴时期到 19 世纪末得到了较快的发展，不管是理论研究还是应用研究，进步都很大，主要体现在电磁学、光学等领域，这就为人们采用更有效的方法途径进行信息传递提供了方便。

社会需求和科技进步这两个方面决定了现代教育技术的产生是必然的。现代教育技术的产生是人类教育史上第四次教育革命的标志，而现代教育技术产生的标志是第一个用于教学的幻灯机出现在课堂上，时间是 19 世纪 90 年代。

（二）国外现代教育技术的发展历史

下面重点分析发达国家现代教育技术的发展历史，主要经历了以下几个发展时期：

1. 第一阶段：视觉教育阶段

视觉教育阶段是国外现代教育技术发展的第一阶段，时间跨度为 20 世纪初至 20 世纪 30 年代。19 世纪末，科技的发展及其在教育界的广泛应用，有力推动了教育技术的产生与发展。教育领域早期引入的新媒体技术主要有照相、幻灯、无声电影等，依托这些技术将生动的视觉画面呈献给学生，大大改善了教学效果。"视觉教育"这一术语最早被使用是在 1906 年，出现在《视觉教育》一书中，由美国一家公司出版，关于照片拍摄、幻灯片制作与使用的知识在这本书中得到大量的介绍。随之，研究新媒体应用的教育者越来越多。1913 年，托马斯·爱迪生预言学校将会因为新媒体技术而得到彻底的改造。十年后，爱迪生的预期并没有实现。不过，经过多年的探索，视觉教育活动的发展变化十分突出。1923 年，视觉教学分会率先在美国教育协会成立，视觉教育工作者开始潜心研究自己的学说，在视觉教育研究中，主要参考的理论依据是夸美纽斯的直观教学论。1928 年，《学校中的视觉教育》在美国出版，这是第一本和视觉教育有关的教科书，该书明确指出，视觉经验和其他经验相比，对学习造成的影响更大。

1924 年，S.I. 普莱西在美国心理学会的会议上呈现了第一台能教学、测验和记分的教学机器。这个新机器不但可以将视觉材料形象地呈现出来，还可以提供针对学生学习情况的反馈，这也是教学机器区别于音像媒体设备的主要特点。在个别化教学中，这个教学机器发挥了非常重要的作用。

2. 第二阶段：视听教育阶段

视听教育阶段是国外现代教育技术发展的第二阶段，是从 20 世纪 30 年代到 20 世纪 50 年代为止。20 世纪 30 年代后期，教学领域中相继运用了无线电广播、有声电影、录音机等新媒体技术，视听教育这一术语逐渐出现在人们所写的文章中，美国教育协会视觉教学分会也正式更名为"视听教育分会"，时间是 1947 年。1931 年 7 月，美国辛克斯公司做了一个有关电影教学的实验：在儿童观看电影前和观看完后，分别用 5 种测验表格对其学习成绩进行考查。测验结果显示，看完电影后，学生的知识量比没看电影时有所增加。美国哈佛大学的实验也证明，实验组学生（采用电影教学手段）的成绩比对照组学生（未采用电影教学手段）要高。

20 世纪 50 年代，视听教育因电视的出现而拥有了更先进的技术手段，电视相比于电影的优势主要表现在制作周期短、容易传播复制等方面。电视出现后不久，便在教育领域得到了广泛的应用。从 20 世纪 30 年代到 20 世纪 50 年代，视听教育运动在美国十分流行，同时，视听教育也在相关理论研究的推动下获得了新的发展，其中最具代表性的是戴尔的"经验之塔"模式，这也是视听教育兴起与发展的主要理论依据。

斯金纳是美国著名的心理学家，他在 20 世纪 50 年代中期根据行为主义学习理论设计了新一代的教学机器——斯金纳程序教学机，这款机器随后被应用在大学和军队中。

3. 第三阶段：视听传播阶段

视听传播阶段是国外现代教育技术发展的第三阶段，时间跨度为 20 世纪 60 年代至 20 世纪 70 年代。斯金纳程序教学机在 20 世纪 60 年代以后非常流行，并从实验阶段转入实践应用阶段。同时，20 世纪 40 年代由拉斯维尔等人创立的传播学开始在教育领域产生影响，有学者认为，教学过程就是信息传播的过程，并对此进行了深入的研究。教育传播因为这些原因而受到了重视，视听传播的概念也逐渐被提出。1963 年，美国视听教育协会明确阐释了视听传播的定义，即作为教育理论和实践的分支，视听传播主要研究控制学习过程的信息的设计和使用，通过对每种传播方法和媒体的有效运用来达到发展学习者全部潜能的目标。随后不久，又出现了新的概念——"教学资源"，这个概念比"视听媒体"更广泛，它的出现使人们开始将注意力集中到对整体教学传播过程和教学系统的关注上。

4. 第四阶段：教育技术阶段

教育技术阶段是国外现代教育技术发展的第四个阶段，从 20 世纪 70 年代一直发展到今天。在 20 世纪 70 年代中期，随着微型计算机的出现，计算机教育应用的发展迈上了新的台阶。1970 年，"教育技术"的概念被 AECT（美国教育传播和技术协会，原美国视听教育协会）提出，并对此进行了解释。

AECT 之后又在 1972 年和 1977 年针对教育技术的定义进行了修改，将系统理论融入行为主义学习理论和传播理论等原有理论中，丰富了教育技术的理论内涵。现代媒体技术，比如计算机多媒体技术、远程通信技术、网络技术等高速发展，使得教育技术的实践越来越深入，在不断丰富教育技术的内涵的基础上，大大促进了教育技术理论研究的开展，在很大程度上完善了教育技术的理论基础，甚至涵盖了认知主义学习理论、建构主义学习理论的内容。1994 年，AECT 进一步丰富了教育技术的内涵，使教育技术的定义更科学。

（三）我国现代教育技术的发展历史

我国曾将教育技术通俗地称作"电化教育"。这个名词是我国独创的。从 20 世纪 30 年代至今，电化教育的发展经历了漫长的阶段，大概可以将其划分为以下几个阶段：

1. 第一阶段：诞生与初步发展阶段

我国电化教育诞生与初步发展的时间跨度为 20 世纪 20 年代至 20 世纪 60 年代中期。20 世纪 30 年代以前，我国就有将无声电影、幻灯机、无线电播音等运用到教育中的现象。早在 20 世纪 20 年代，陶行知先生就曾在教学中尝试运用幻灯；在无声电影制作和幻灯放映方面，南京金陵大学也做了很多试验。此外，还有一些单位在这个领域做了不同程度的尝试，如上海"商务印书馆"、南京"中央广播电台"、镇江"民众教育馆"等。

1932 年，"中国教育电影协会"在南京成立，主要参与人员是我国的教育界人士。这一时期电化教育工作刚开始流行于民间，随着民间活动的盛行，官方当局于 1935 年开始对电化教育工作进行规划和实施。视听教育被统称为"电化教育"是在 1936 年，出现在《学校生活》杂志中，这是由美国联邦教育署出版的。1936 年，"电影教育委员会"和"播音教育委员会"相继成立，与此同时，金陵大学开设了"电化教育人员训练班"，第一次正式使用了"电化教育"这个名词。1940 年，电化教育委员会成立，从某种意义上来说，这就是"电影教育委员会"和"播音教育委员会"的融合体。当时，教育界有识之士为促进电化教育在我国的进一步发展而进行努力探索，专著《有声教育电影》的出版、周刊《电影与播音》《电化教育》的发行、"电化教育系"的创设以及"中华教育电影制片厂"的建立等都是努力探索的成果。但当时我国贫穷落后，很难大规模地对电化教育进行推广。

我国电化教育从新中国成立到 20 世纪 60 年代初获得了初步的发展，具体从以下几个方面表现出来。首先，幻灯、电视、录音、唱片、无线电播音、电影等越来越多的电教手段被不同程度地运用到教育中，如华东师范大学试办上海电视大学，采用电视授课。其次，电教手段在各类教育中都得到了一定的普及，如中小学教育、大学教育、成人教育等。再次，出现专门对电教教材和电教设备进行生产的产业，开始批量生产开盘式录音机、电影放映机、幻灯机等电教设备，几家幻灯制片厂、科技教育电影制片厂成立，一批教学电影片、幻灯片被制作出来提供到学校教学中。最后，一些地方成立专门机构推动电化教育的发展，并建设了电化教育的相关队伍，虽然规模较小，但他们非常热衷于为我国电化教育的发展做贡献。

2. 第二阶段：迅速发展阶段

我国电化教育在 20 世纪 70 年代中期到 20 世纪 80 年代末期发展迅速。20 世纪 70 年代中期之前，由于各方面因素的影响，严重制约和破坏了我国电化教育的发展，直到 20 世纪 70 年代后期，电化教育才重新在我国起步，发展速度也不断加快。我国相继成立电化教育委员会、电化教育委员会办公室来专门发展电化教育，电化教育馆（站）在全国各地纷纷建立，电教中心在各高等院校建立，电教室（组）也逐渐出现在很多中小学中。现在，在这些机构从事相关工作的人员有十多万人，他们都是电化教育发展中的贡献者。随着电化教育的发展，电教设施设备在中小学的配置越来越完善，专用计算机房、语言实验室、电化教室等更高级别的电教设备在发达地区的中小学中不断出现，投影机、录音机和银幕几乎成了每个教室的标准配置，甚至计算机多媒体设备、闭路电视也被运用到一些学科的教学中。随着电教教材、电教设备等建设规模的扩展，有关单位几乎针对中小学中的所有学科对计算机教学软件、投影幻灯教材或录音录像教材进行了编制与设计。在各学科的教材改革中，建设电教教材是一项主要任务，对电教教材的制作要有组织性、计划性，要根据纸质教材配套制作，然后在各年级逐步推广，投入使用。20世纪80年代，随着"电化教育"名称之争的出现，电化教育的学术气氛越来越活跃，电化教育理论也越来越充实、完善。改革开放后，随着一系列政策的实施，我国出现了翻天覆地的变化。

在教育技术领域主要表现为国际学术交流频繁，我国利用交流的机会不断引进国外教育技术研究的新成果和发展的新经验。国外教育技术以系统方法为核心，这对我国电化教育具有重要的影响，具体表现为对理论概念、发展理念以及研究方法等方面的影响。从此，我国对这个领域有了新的认识，并从新的角度来深入研究，呈现出综合化、深层化的研究新趋势。"深入课堂，深入学科"也是电化教育在这一时期发展的一个特征。电化教育以课堂教学为中心，取得了较快的发展，各地投入这项实践的学校和教育工作者越来越多，于是便形成了以下几个特征：

第一，在电化教育开展过程中，一线教师成为不可或缺的主力军，开展电化教育直接关系着教学任务能否完成，教学质量能否提高。

第二，电化教育不是简单地运用电教媒体，而是在整个课堂教学过程中贯穿电化教育。电化教育中要做的工作、要完成的任务丝毫不比一般课堂教学轻松，一般课堂教学中要做的事、要完成的任务，通常电化教学中也要做、也要完成。不同的是，电化教育是将电教媒体引进课堂教学中，所以在一般课堂教学中没有的现象反而会出现在电化教育中；电化教育也要参考一般课堂教学的设计原理，从而对课堂教学进行改进，提高教学效率与质量。

第三，教育工作者不再单独采用某一电教媒体进行教学，而是在整个教学过程中应用电教媒体并处理好相互之间的关系，电教媒体被重新定位，在整个教学设计中都或多或少地呈现出电化教育的痕迹。

第四，电化教育在教学工作的各个方面逐步渗透，而不是简单地特指一些电化设备、电化教育媒体等的应用，整体的教学改革、教学效益与电化教育直接相关。

3. 第三阶段：深入发展阶段

从 20 世纪 90 年代至今，电化教育在我国处于深入发展阶段。随着教学领域对多媒体计算机和网络技术等的大量运用，电化教育在我国的发展越来越迅速，层次越来越深。"中国教育与科研计算机网络"的开通将百余所高等学校和一些拥有较好电教设备和较强技术力量的中小学校联系起来，这有力推动了我国多媒体网络教学的发展。

随着现代技术的不断发展，我国在教材建设中越来越重视音像电子教材的制作与编排，主要载体有幻灯、投影、视盘、录音、计算机软件、录像等。我国教育软件市场基本形成是在 1995 年。《中小学计算机教育软件规则（1996—2000年）》于 1996 年 9 月颁布，"九五"期间我国研制与开发计算机教育软件的主要目标和主要策略在这个文件中被明确提出。1996 年，我国"九五"重点科技攻关项目中新增"计算机辅助教学软件研制、开发与应用"项目，我国投入巨额资金来开展这个项目，1999 年 7 月，该项目已结题。

视听教育媒体的理论与应用研究在很长时间内都是我国现代教育技术的研究重点，但 20 世纪 90 年代后，多种媒体组合运用和学习过程的研究，尤其是关于教学系统设计、开发、评价、管理的理论和实践研究成为新的研究重点，我国在这方面做了大量的研究工作。能体现出这些研究重点的研究项目有"电化教育促进中小学教学优化课题实验""电化教育促进中小学由应试教育转向素质教育的实验研究"等，这些研究都取得了良好的效果，对教育、社会都有积极的影响，也使我国教育教学的深化改革取得了显著的成就。这些研究呈现出以下明显的特征：

第一，对教育教学改革的研究是深化教育改革的重要举措和突破口。

第二，重视研究教育教学中信息技术的应用。

第三，重视学习理论在教学系统设计中的应用。

第四，研究方法规范、多元。

当前，我国教育教学的深入改革与科学发展离不开现代教育技术的推动，教育工作者要将现代教育技术作为一门必修课来认真学习。现阶段我国在教育教学研究中对整体教学效果更为关注，对现代教育技术在一节课、一个教学单元及一门学科中产生的影响正在进行深入探索与研究；同时教育工作者对现代教育技术也有了更加全面、深入的认识，并在科学认知的基础上发挥现代科学理论和方法对教育教学的指导作用。需要注意的是，教育技术不仅要解决教学的局部问题，更要解决教学改革的整体问题。

第二节　现代教育技术教学应用的相关理论

作为一门新的综合性应用学科，现代教育技术涉及多门学科的相关理论和知识，其中学习理论、视听教育理论、教育传播理论、教学设计理论等对现代教育技术的发展产生了较大的影响。本节主要对这几个理论进行研究，以期为现代教育技术在教育教学中的应用提供理论依据。

一、学习理论

（一）行为主义学习理论

1. 行为主义学习理论的基本观点

行为主义学习理论从 20 世纪初到 20 世纪中期一直占主导地位，华生、斯金纳和桑代克等是这一学习理论的主要代表人物。一般可以用刺激—反应—强化来对行为主义学习理论进行概括。这一学习理论的基本观点是，外部刺激引起的外在反应是产生学习的主要原因，由外部刺激引起的内部心理变化没有受到重视，认为内部心理过程对学习没有影响。在行为主义学习理论中，学习者就像"黑箱"，学习过程是学习者行为不断变化的过程，这个过程是可以观察到的。按照这个观点，学习者的学习过程就是被动接受各种刺激的过程；教师的主要职责是将知识传授给学生，给学生施加刺激，对学生的各种反应进行观察，强化积极的反应，补救或纠正消极的令人不满意的反应；而做出反应，被动接受教师传授的知识是学生的主要学习任务。

行为主义学习理论在实际教育中的应用普遍可见。例如，在课堂教学中，对于认真听讲的学生，教师会不吝表扬，这部分学生受到激励后会保持认真听讲的态度与行为，而不认真听讲的学生为了受到表扬，也会转变学习态度，认真听讲。事实上，让上课不认真的学生变得认真是教师表扬上课认真听讲的学生的主要目的。

行为主义学习理论的主要观点归纳为以下几点：

第一，学习是刺激与反应的联结。

第二，学习者进行学习的过程也就是学习者不断试错的过程。在学习的过程中免不了出现错误，需要正确认识错误。

第三，影响学习的强化手段主要有表扬和批评。

2. 程序教学理论

程序教学的概念是在行为主义学习理论中提出的，该理论对关于程序教学的原则进行了总结，随着教学原则的不断完善，程序教学理论也逐渐形成。程序教学理论提出，为了最大化地提高强化的频率，最大程度降低教学中因出错带来的消极反应，应将教学内容分解为一个个相互关联的教学单元来有序实施。

程序教学原则是根据刺激—反应—强化的原理总结而成的，具体内容如下：

（1）小步子原则

按照教学内容的内在逻辑，将其划分成多个小单元，再按一定的逻辑顺序排列这些小单元，制作程序化教材。学生遵循循序渐进的原则一步步学习每个单元的知识，先从简单的单元开始，逐步向有难度的单元过渡，程度也越来越深。行为主义学习理论的代表人物斯金纳主张尽可能细致地划分各个学习单元，也就是每个单元越小越好，但这样容易造成学生厌学，不利于学生对学习内容的整体把握。而现代教学如果要贯彻小步子原则，要求合理划分学习内容单元，单元大小根据教学目标、教学任务及具体教学内容而定。

（2）积极反应原则

斯金纳认为，传统教学以教师为主导，学生的学习存在很大的被动性，对于教师提出的各种问题，学生做出反应的机会并不多，这种学习方式是消极的。要改变这一点，教师就要在课件制作过程中尽可能让每个学生对每个学习单元都做出积极反应，学生做出反应的方式有选择、填空和输入答案等，这是让学生形成并保持积极学习态度的重要手段。

（3）及时强化原则

教师要在学生做出反应尤其是正确反应后给予"及时强化"，让学生知道自己的反应是否正确，并进行相应的调整。

（4）低错误率原则

教师要根据具体教学内容和教学要求由浅入深地排列教学单元，使学生在学习过程中由已知到未知，尽量对每个学习单元都做出正确的反应，最大限度地降低学生学习的错误率，使学习效率得到最大化的提高。

（5）自定步调原则

在传统教学中，所有学生都以同样的学习进度来学习各单元的内容，因而导致学生发展的自由性受到了极大的限制。程序教学理论的中心是学生，根据学生的具体情况自由安排学习进度，学生自己把握学习的节奏，这样学生才具有持续学习的动力。

（二）认知主义学习理论

1.认知主义学习理论的基本观点

在认知主义学习理论中有这样的观点，学习个体对环境会产生相应的影响，大脑的活动过程能够转化为具体的信息加工过程。布鲁纳、克勒、加涅和奥苏贝尔等是认知主义学习理论的主要代表人物。

人要在社会上生存，必然要与周围的环境互相交换信息，作为认知主体的人也会与同类发生信息交换。人是信息的寻求者、形成者和传递者，从一定意义上来讲，人的认知过程也就是信息加工的过程。

认知学习理论的基本观点为，在外界刺激和人内部心理过程的相互作用下才形成了人的认知，而不是说只通过外界刺激就能形成人的认知。依据这个理论观点，可以这样解释学习过程，即学习者从自己的兴趣、需要出发，将所学知识与已有经验结合起来，对外界刺激提供的信息进行主动加工的过程。

2. 认知主义学习理论对教学的要求

通过分析认知主义学习理论的基本观点，我们可以发现，教师在教授学生时不能简单地灌输，应通过各种方式调动学生学习的积极性，培养学生探索求知的兴趣，引导学生将已有的认知结构与所要学习的内容联系起来。在学习的过程中，学生是主动学习的，这样才能主动选择和加工外界刺激提供的信息。

在认知主义学习理论中，学者普遍认为学习者自身的认知结构是影响学习者学习的重要因素，这就要求教师在教学过程中向学习者直观地展示教学内容的结构，便于学习者了解各单元教学内容之间的关系。

（三）建构主义学习理论

1. 建构主义学习理论的基本观点

行为主义学习理论和认知主义学习理论都认为世界是实在的、有结构的，人类可以认知这种结构，对客观实体及其结构的反应是人们思维的主要目的。建构主义学习理论认为，个体与外部环境的交互作用使得知识得以产生，人们会从自己的已有经验出发来理解客观事物，每个人对知识都有自己的理解和判断。维果茨基、皮亚杰等是建构主义学习理论的主要代表人物。行为主义学习理论、认知主义学习理论和建构主义学习理论对知识的看法不同，这是它们之间的本质区别。行为主义学习理论和认知主义学习理论主张"灌输知识"，这是错误的。给学生准确传递知识是教学的主要任务，知识作为具体"实体"，它的存在具有独立性，而不依赖于人脑，人要真正理解知识，首先要将知识完全"迁移"到大脑中，并使其进入自己的内心世界。

每个人都可以按照自己的认知与想法来理解客观存在的世界，并赋予其一定的意义。建构现实或解释现实是建立在主观经验基础上的。不同的人用自己的头脑创建了经验，使得经验具有显著的差别，所以也就导致基于经验而对客观世界的理解也存在着明显的不同。建构主义的观点明显倾向于在知识的建构过程中充分利用已有的经验和心理结构。

建构主义学习理论认为，学习者是在一定的情境下，利用自己的主观参与和借助他人的帮助，以及利用意义建构的方式来获取知识，而不是通过教师的教学获得知识。

2. 建构主义学习理论下的学习环境分析

建构主义教学理论要求教师在学生主动建构意义、获取知识的过程中起到帮助和促进的作用，而不是给学生简单灌输和传授知识。因此，在教学的过程中，教师首先要转变教育思想，改革教学模式。学生是在一定的学习环境下获取知识的，学生在获取知识的过程中需要主观努力，也需要他人帮助，而且离不开相互协作的活动。建构主义学习理论要求，有利于学习者获取知识的学习环境应具备情境创设、协作、会话、意义建构等基本属性或要素，下面具体分析这四个基本要素：

（1）情境创设

学习环境中必须要有对学生意义建构有利的情境。在建构主义学习环境下，教师要基于对教学目标的分析与对学生具有建构意义的情境创设的考虑而设计教学过程，并在教学设计中把握好情境创设这个关键环节。

（2）协作

在学生的整个学习过程中都离不开协作，如学生搜集与分析学习资料、提出和验证假设、评价学习成果及最终建构意义等都需要不同形式的协作才能完成。

（3）会话

在协作过程中，会话这个环节是不可或缺的。学习小组要完成学习任务，必须先通过会话来商讨学习的策略。可以说学习小组成员之间协作学习的过程就是不断会话的过程。学习者在这个过程中所有的学习资源都是共享的。

（4）意义建构

意义建构可以说是学习过程的最终目标。建构的意义可以理解为事物的本质、原理以及事物与事物之间的内在联系。引导学生对学习内容反映的事物的本质和原理进行深刻理解，掌握事物之间的内在联系，这就是帮助学生在学习中建构的意义。

二、视听教育理论

（一）视听教育理论的核心——"经验之塔"

在教育教学中，各种视听教学媒体发挥着非常重要的作用，视听教育理论也指出了这一点。视听教育理论是现代教育技术应用的基础理论之一，也是教育技术应用需要遵循的一个基本规律。在视听教育理论的研究中，戴尔（美国教育家）撰写的《教学中的视听方法》（1946年）产生了巨大的影响。视听教育理论的核心——"经验之塔"就是出自这本书。"经验之塔"理论将人们获得的经验划分为做的经验、观察的经验和抽象的经验三种类型，并将经验获取方法分成若干层次并经过了不断的改进。

1. 做的经验

（1）直接有目的的经验

在"经验之塔"模型中，位于最底部的是直接有目的的经验，指的是从日常生活的具体事物中获得的知识，这类经验最具体也最丰富，是从日常生活中总结而来的。学习者获得直接经验是形成概念和进行抽象思维的基础。

（2）设计的经验

通过间接材料（如学习模型、学习标本等）获得的经验就是设计的经验。由人工设计、仿制的学习模型和标本与实物是有差异的，如大小差异、结构差异、复杂度差异等。尽管如此，学习者利用这些材料也可以更好地理解实际事物。

（3）游戏的经验

通过演戏、表演等获得的经验更接近现实。学习者要获得关于社会观念、意识形态、历史事件等事物的经验，通过直接实践是行不通的。因此，要根据这些事物的特点来设计相应的表演活动，让学习者在活动中通过角色扮演获得逼真的经验。

上述经验的共同特征都是通过学习者的亲身实践而获得，比较具体、丰富。

2. 观察的经验

（1）观摩示范

学习者先模仿别人，再亲自尝试，以获得直接的经验。

（2）见习旅行

学习者在参观访问、考察等活动中对真实事物进行观察与学习，从而增长见识，获得丰富的经验。

（3）参观展览

学习者通过观察展览活动中陈列的实物、图表、模型、照片等事物而获取经验。但学习者在参观展览中看到的事物往往缺乏真实性，也不具有普遍的意义。

（4）电视与电影

学习者观看电视与电影获得的经验是间接的。利用电视、电影艺术可以将教学中的难点内容形象地表现出来，表现手法有编辑、动画、特技等，采用这些丰富的手法可以生动形象地呈现教学内容，使学生理解起来更方便。电视和电影相比，具有直接功能，学习者观看电视获得的经验比观看电影获得的经验相对来说更直接一些。

（5）广播、录音、照片与幻灯

学习者听录音、广播，看幻灯与照片，可获取相关信息，形成视听经验。这些经验来源的真实性不及电视、电影，比较抽象，但和完全抽象的经验相比，还是具有直接性的。抽象思维伴随着学习者学习的整个过程，只是程度上有差异。随着信息技术的日益普及，应在这层经验和电视电影之间增加"计算机互联网"这个新的层次经验。

以上经验的共同点都是通过学习者的"观察"而获得的，它们在"经验之塔"中的分布越高，就越抽象。

3.抽象的经验

（1）视觉符号

学习者在示意图、图表等事物中获得的经验都是视觉符号经验，如水的流动方向用箭头代表，铁路用线条代表等。这些符号是真实事物的抽象表示形式，学习者在这些视觉符号中无法看到真实事物的形态。和语言文字相比，视觉符号更直观一些，学习者要对视觉符号所代表的事物有正确的理解，这样才能学到知识，获得有价值的经验。

（2）言语符号

在"经验之塔"模型中位于最顶端的言语符号的抽象程度是整个模型材料中

最高的。言语符号是事物与观念的抽象表示方法，包括口头语、书面语等。言语符号几乎不能单独发挥作用，而是要和模型中的其他材料结合起来发挥作用。

（二）"经验之塔"理论的要点分析

"经验之塔"理论的基本要点如下：

第一，"经验之塔"模型中最底层的经验是最直接和最具体的学习经验，学习者容易掌握，层次越高，经验的抽象程度和间接程度就越强。最抽象的是顶层经验，这一层次的经验便于形成概念，应用起来较为便捷。学习者并不是一定要经历从底层到顶层的这个过程才能获得经验，也没有说哪个层次的经验比其他层次的经验更有价值，对经验进行层次划分，只是为了对不同经验的抽象程度有一定的认识。

第二，观察经验在"经验之塔"中处于中段位置，和抽象经验相比，这类经验相对更形象、具体，更容易被学习者理解，有利于对学习者的观察能力进行培养，并使其获得的直接经验得到弥补。

第三，获得具体经验并不是学习的目的，要在获得具体经验后过渡到抽象经验，以形成概念，便于应用。在推理中需要用到概念，思维与求知都要以概念为基础，这有利于对实践进行有效的指导。在教育中不能过分重视直接经验和过分追求具体化的教学，而是要尽可能地使学习者对知识和概念达到普遍化的充分理解。

第四，在学校教学中，为了使教学更直观、具体，应充分运用丰富的教学媒体手段，这也是使学生获得更好的抽象经验的重要手段。总之，"经验之塔"理论模型通过对学习经验进行分类，说明各种经验的抽象程度，这与人们的认知规律相符，即从具体到抽象、从感性到理性、从个别到一般。

（三）视听教育理论的贡献及局限性

1.视听教育理论对现代教育技术的贡献

视听教育理论的核心是"经验之塔"，其对现代教育技术起到以下几个方面的作用：

第一，"经验之塔"理论划分出具体学习经验和抽象学习经验两种类型，提出学习者的学习规律是从直观到抽象的，这与人类的基本认识规律相符，为教学中对视听教材的应用提供了重要的理论依据。

第二，为划分视听教材的类型提供了重要的理论依据，即划分视听教材时，应参考的一个主要依据就是各教材所对应的学习经验的抽象程度。对视听教材的合理分类能够为划分教学媒体的类型和优化选择教学媒体奠定基础。

第三，有机结合视听教材与课程，这也是现代教育技术研究与应用的思想基础。

2. 视听教育理论的局限性

视听教育理论具有以下局限性：

第一，只对视听教材本身的作用进行强调，而对设计、开发、制作及管理等一系列环节不够重视。

第二，视听教育理论对媒体在教学中的地位与作用的认识不到位，认为视听教材只是教学的辅助手段，这会导致教育改革不彻底和视听教育的作用得不到充分的发挥。

三、教育传播理论

在现代教育学中，用传播学理论对媒体与教学过程进行研究，从中对教学过程中媒体的作用机理进行探索，这是比较传统的一个研究手段，教育传播学就产生于这个研究中。

（一）传播理论及模式

传播源于拉丁文 Communis，是共享、共用的意思。英语中的 Communication 被译为沟通、交流、传播等。当前，传播一般被解释为传播者运用一定媒体与受传者之间进行信息传递和交流的社会活动。传播有自我传播、人际传播、大众传播和组织传播四种类型，这是按照传播涉及人员的范围及传播对象划分的结果。关于传播的理论与模式，下面主要列举几个具有代表性的：

1. 香农—韦弗模式

美国数学家香农曾喜欢研究一些电报通信问题，他在 20 世纪 40 年代提出了一个和通信过程有关的单向直线式数学模型。之后他又与著名信息学者韦弗共同对这个模型进行了改进，将反馈系统加入该模型，于是便形成了香农—韦弗模型，该模型在技术应用方面发挥了重要的作用。

2. 施拉姆模式

被称为"传播学鼻祖""传播学之父"的施拉姆在上述传播模型的基础上，于 1954 年对有关"经验范围"的传播模式进行了构建。该模式指出，在信息传播过程中，传播者和受传者都是不可或缺的主体，受传者除了对信息加以接收并进行解释外，还会做出相应的反应，这是因为传播过程本身就具有双向性和互动性。这一模式也指出，传播者与受传者要进行真正意义上的交流，需要在双方共同的经验范围之内传播信息，只有这样，信息才能被双方共享。所以，教学传播过程可用施拉姆模式来解释。根据施拉姆传播模式，教师在教学过程中应对学生的身心特点、知识水平、兴趣爱好、个人经验等情况予以全面考虑，尽可能在双方共同的经验范围内传播教学内容，使学生更好地掌握知识，并促进其经验范围不断扩大。

3. 拉斯韦尔模式

美国学者拉斯韦尔指出，传播过程是由"谁""说什么""采取什么途径""对谁""产生什么效果"五个线性要素共同组成的一种线性结构，也就是"5W 模型"。从传播学的角度来看，这五个因素分别对应的是信息源、信息本身、受传者、媒体以及期望的产出。

4. 贝罗模型

贝罗在上述模式的基础上，于 1960 年提出了 SMCR 模型。S 即 Source，指的是信息源；M 即 Message，指的是信息；C 即 Channel，指的是信息传播通道；R 即 Receiver，指的是受传者。该模型是对信息传播过程的详细说明。

贝罗模型指出，传播过程中的某个环节并不能直接决定传播的最终效果，传播结果主要由传播过程的各个要素及其相互关系决定，而传播过程中的各组成部分又受多方面因素的影响。

（1）信源、接受者的影响因素

信源、接受者对信息传递效果有重要的影响，它们对传递效果的影响与作用又受以下因素的影响：

第一，知识水平。信息传播者是否完全掌握信息内容，是否熟知传播方法以及信息接收者的知识水平都对最终的传播效果有影响。

第二，传播技能。不管是信息传播者的语言表达技能、写作技能，还是受传者的听读技能都对传播效果有影响。

第三，态度。信息传播者与接受者对自己、对信息内容的态度及他们相互之间的印象都会影响信息传播效果。

第四，社会阶层。信息传播者如何选择传播方法，接受者如何认识与理解传播内容，这与其自身的社会阶层与文化背景有关。

（2）信息的影响因素

在信息传播的过程中，信息要素也受很多因素的影响，进而对信息传播效果产生影响，这些因素主要包括信息处理、结构安排以及编码方式等。

（3）信息传播通道的影响因素

影响信息传播通道的因素是传播媒体及媒体与信息的匹配度，传播媒体的选择对传播效果有重要影响。

5. 双向传播模式

香农—韦弗模式是工程学模式，工程学模式与心理学模式是传播模式的两个主要类型。心理学模式对信息源、接受者以及传播效果比较关注。双向传播模式是由罗密佐斯基提出的，他将香农—韦弗模式和心理学模式的优点结合起来提出这个传播模式，该模式是教育的重要理论依据。

（二）传播理论对教学过程的解释与说明

利用以上传播模式可以对教学过程进行解释与说明，这些模式为教育传播学研究奠定了重要的理论基础。

1. 指出教学过程的双向性

早期传播理论片面地认为传播过程是单向的，也就是受传者对信息内容被动接受。这种理论对信息接收者作为独立个体所拥有的主动性和自主性没有正确的认识。施拉姆模式指出传播过程是双向的互动过程，传播主体不仅包括传播者，还包括受传者。之所以信息能够循环不断地进行传播，主要是反馈机制在起作用，这也说明了受传者的主体作用。按照施拉姆传播模式，教学过程中包含教师与学生共同的传播行为，教师传播教学信息，学生接收的同时也做出反馈。因此，要从教与学两方面出发来设计与安排教学过程，并将学生的反馈信息充分利用起来，及时调控教学过程。

2. 确定教学过程的基本阶段

传播是一个连续的不断变化的过程，具有明显的动态性。为便于研究，可将其划分为六个阶段，每个传播阶段都对应教学过程的一个环节，具体分析如下：

（1）教学信息的确定

将所要传递的教学信息确定下来，这是教学传播的首要环节。教师要从教学目标出发来确定要传递的教学信息。通常，要传递的教学信息出自专家按照教学大纲精心编写的课程教材。在这一阶段，教师要对课程教材认真钻研，细致分析各教学单元的内容，并进行适当的分解，确定被分解后的内容所要达到的传递效果。

（2）传播媒体的选择

这个阶段主要是进行信息编码，选择适当的媒体手段来呈现与传递信息，这个过程比较复杂，需要在科学原理的指导下循序渐进地完成。教师所选的传播媒体要满足以下要求：

第一，能将教学信息内容准确呈现出来。

第二，方便获取，且传播效果较好。

第三，与学生的知识水平、经验相符，使学生接受和理解起来更快一些。

（3）信息的传递

在这个阶段重点是将以下两个问题解决好。

第一，确定媒体信号传播的范围。

第二，合理安排信息内容的传递问题，利用媒体对教学信息进行有序传递，尽可能减少外界环境对媒体信号的干扰。

（4）信息的接收和解释

在教学过程中，学生作为教学主体，不仅要接收教师利用教学媒体传递的教学信息，还要对此进行解释，做出反应。从传播学的角度来看，这个环节主要是进行信息译码。学生先用感官接收信号，然后从自身知识水平与经验出发，将接收的信号解释为信息意义，并在大脑中加以储存。

（5）教学评价反馈

学生接收并解释信息后，知识得到增长，智力得到发展，但还需要通过评价来判断预期教学目的是否实现。观察学生的行为变化、课堂提问、课后作业、阶段性测试等都是可采用的评价方式。

（6）调整再传递

对比信息传播效果与预期教学目标，发现教学的不足，及时调整传播内容、传播媒体，然后再传递，以达到预期的教学目标。例如，对于课堂上出现的问题，要在课堂上迅速解决；对于学生课后作业中存在的问题，如果是个别问题，以个别辅导为主，如果是共性问题，需要在课堂上集中解决；对于远程教育中的问题，多提供有价值的资料，或创造条件提供面授辅导。

3. 揭示教学过程的规律

随着传播学与教育学的不断融合，现代教学与信息传播逐渐拥有了共同的规律，将传播学与教育学理论方法综合运用起来对教学过程与规律进行研究，可有效提高教学效果。下面具体分析传播理论揭示的教学过程规律。

（1）共识律

共识的含义有以下两点：

第一，教师对学生的知识水平和经验予以尊重，在共同经验范围内建立传播关系。

第二，教师以教学目标、教学内容的特点为依据，对教学方法与媒体进行选择与运用，以便向学生传授知识和技能，使学生将已有经验和即将接受的教学内容信息建立联结，从而取得良好的传播效果。

共识是教师与学生在教学传播活动中顺利交流与沟通的前提与基础。学生的知识水平、已有经验及发展潜能是教师选择、组合及传递教学信息时必须参考的依据与考虑的要素。学生的知识与技能水平在不断变化，教学传播也是动态的变化过程，所以一般不存在绝对的"共识"状态，而是一个螺旋上升的反复变化的过程，即不共识—共识—不共识，在共识经验的创设中，教师必须依据学生的"最近发展区"来设定教学目标。

（2）选择律

选择教学内容、教学方法和教学媒体是教学传播过程中的主要工作环节，对这些教学要素的选择要与学生的身心特点、学习规律相符，要为教学目标而服务，争取以最小的代价最大化地实现教学目标。选择教学媒体在教育传播活动中最受关注。师生选择教学媒体一般与需要付出的代价成反比，与可能取得的教学成效成正比。所以，在教学媒体的选择中，要想方设法选择那些需要付出代价最小的教学媒体，以取得最好的功效。

选择教学媒体的规律是，对于功效相同的教学媒体，优先选择需要付出代价小的；对于需要付出相同代价的教学媒体，优先选择能够取得良好功效的教学媒体。

（3）谐振律

谐振指的是传递信息的"信息源频率"接近接收信息的"固有频率"，在信息传递中，二者产生共鸣。要维持教学传播活动，并提高传播效果，就必须具备谐振这个条件。师生双方能否达成谐振，与信息传播的速度快慢、容量大小有关，如果速度、容量不合理，就会导致传播过程受阻，传播活动无法继续。教师传递信息的速率和容量要与学生的认知规律、接受能力相符，此外，还要在教学中营造轻松和谐的信息传递氛围，建立民主的师生关系，并注重对学生反馈的收集与对教学传播过程的调控，只有满足这些要求，信息传播的谐振现象才能顺利产生。不仅如此，教师还应有节奏地变换使用各种媒体方法与手段，才能使谐振现象长期维持下去。

（4）匹配律

匹配指的是在教学传播过程中，对教学对象、教学目标、教学内容、教学方法、教学媒体环境等因素进行深入剖析，使各要素按自己的特性有机和谐对应，从而维持教学传播活动的循环进行。围绕预期教学目标而有机组合各教学要素，发挥各要素的优势与作用，从而增强教学系统的整体功能，这是实现匹配的主要目的。每个教学要素所具有的特性、功能与意义都是多元化的，要充分发挥各要素的功能，为教学目标的实现创造条件，使既定目标能够顺利达成。如果在教学传播活动中各要素游离松散，功能得不到发挥，那么预期的目标就很难实现。

教学中采用的传播媒体直接影响教学活动的匹配效果。因此，在教学传播过程中，要对需要用到的各种传播媒体的特性、功能有全面的了解，这样才能合理组合这些传播媒体，取长补短，发挥各自的优势与功能作用，最大化地提高教学传播过程的效率与效果。

（三）教学传播过程的功能条件

教学系统的结构是在系统各要素相互组合和联系的基础上构成的。这种结构可能是功能较弱的静态结构，只有在信息传播中让系统各要素相互联系与作用，并产生连续循环的动态过程，系统的多重功能才能形成。教学传播过程就是在教学系统各要素相互作用的基础上产生的循环动态过程。教学系统内部信息传递是实现教学系统多重功能的基本条件，而要维持教学传播过程，需要教学系统各要素具备一定的条件或满足一定的要求，并在此基础上实现自己的功能，具体分析如下：

1. 教师实现功能的条件

作为教学系统中起主导作用的重要组成部分，对于教师提出的标准应较高，如精通专业、熟悉教材、了解学生、教学态度端正、传播技能良好等。此外，教师在教学中必须对教学系统的其他要素及相互关系有深入的了解，如教学对象、内容、方法、媒体、环境等。教师自身功能的实现需要具备以下几个条件：

（1）在所教授的学科领域内，教师的知识储备要高于学生，教师需要通过不断的学习来丰富自己的知识储备。

（2）教师要有良好的教学技能，如语言表达技能、教学媒体运用技能等。

（3）教师对教学活动要有良好的调控能力，包括调节自身状态和师生关系等。

2. 学生实现功能的条件

学生完成学习任务，各方面素质协调发展是教学系统功能实现的首要标志。

学生实现其功能要具备以下几个条件：

（1）明确的学习目的。

（2）一定的学习能力。

（3）良好的自控能力。

3.教学内容实现功能的条件

（1）随着社会的发展与时代的进步而不断更新教学内容。

（2）在教学内容体系中纳入具有潜在发展意义的前沿知识，注重理论与实践的有机结合。

（3）按照学科逻辑、学生认知规律来编排教学内容，如从已知到未知、从整体到部分。

（4）教材内容纵横联系、融会贯通，便于学生接受，又能启发学生探索。

4.教学方法实现功能的条件

（1）根据教学规律、教学目的任务、教学内容特点、教学环境、学生的适应性及教师的教学能力选用教学方法。

（2）对各种有效的教学方法进行适当的优化组合，达到优势互补、相得益彰的效果。

5.教学媒体实现功能的条件

（1）根据教学目标任务、学生特点、学校教学条件合理选用教学媒体。

（2）了解各类教学媒体的优缺点，综合使用教学媒体，达到相得益彰的效果。

（3）教学媒体功能的发挥受其自身特点及一些实践因素的影响，如媒体操作的复杂程度、媒体资源软硬件添置的可能性、媒体资源配合使用的灵活性等。在教学媒体选用中要综合考虑这些影响因素，将不良影响降到最低。

教学系统中每个要素的功能都直接影响教学系统的运行，只有充分发挥教学系统各个要素的功能，才能保证教学系统的正常运行。此外，教学系统中各要素之间的相互关系与作用情况直接决定了教学的传播效果。因此，要按照信息传播的规律与法则来传播教学信息，最大化地提高教学传播效果。

（四）教学传播中媒体的作用

教育传播媒体指的是教育教学信息传递中采用的媒体，在教学信息传递活动中，信源和接收者是靠媒体这个中介连接起来的，它是教师传递信息的工具，也是学生接收信息的工具。教学理论指出，教学系统的三元模型指的是教育者、学习者、学习材料三个构成要素，在教学环境中，它们各自发挥自己的功能，经过相互作用而取得教学效果。

媒体在现代教育传播活动中发挥着举足轻重的作用，因此在教学传播系统中，媒体也是一个不可或缺的基本要素，这就构成了教学传播系统的四元模型。从某种意义上而言，三元模型中的学习材料也就是媒体化的教学信息，将学习材料要素分成"教学信息"（教学内容）与"媒体"（内容载体）两部分，就构成了教学传播系统的四元模型，它是教学系统三元模型的细化。在一定的教学环境中，教育者、学习者、教学信息及媒体四个要素相互作用、相互影响，共同促进教学效果的产生与提高。

四、教学设计理论

教学理论为学生学习提供了原则和策略上的帮助，教学设计理论则为学生具体运用这些原则和策略提供了指导。教学设计理论要求以教学要求、学生特点为依据来合理设计教学方案，有序安排教学内容，科学实施教学策略。下面是教学设计理论的具体阐释。

（一）九大教学事件

九大教学事件是由加涅提出的，核心是"为学习设计教学"，这是陈述性知识向程序性知识转化的重要条件。九大教学事件包括吸引注意、告知目标、刺激回忆、刺激材料的呈现、提供学习指导、引发行为表现、提供反馈、作业评价及促进记忆与迁移。

（二）认知学徒制

"认知学徒"的概念产生于 20 世纪 80 年代，其灵感来源是传统的学徒制，但与传统学徒制又有不同，其倡导教师多给学生提供实践机会，使学生能在不同情境中对所学知识和技能加以应用。"认知学徒"具有以下两个特征：第一，面对复杂的现实问题，学生要通过推理、认知策略与元认知策略来解决，在这些策略的实施中要将所学知识应用其中。第二，让学生结合现实环境来学习，以对学习的目的与应用有充分的了解。认知学徒制提倡以下几种教学方法：

1. 示范

教师进行生动形象的示范与操作，学生仔细观察，并在模仿学习中掌握知识与技能。

2. 脚手架

在学生执行学习任务时，教师根据学生个人能力提供不同力度的支持与帮助。

3. 指导

教师观察学生的学习过程，并给予帮助和指导，如暗示、反馈、纠正等。

4. 表达

学生在教师的指导下把自己内心的想法表达出来，或展示自己的知识与能力。

5. 探究

学生运用专业的程序对自己的学习方法和策略进行检验，并探索更适合自己的学习方法。

6. 反思

学生对自己的思维、问题求解过程进行反思，并将此与专业的内在认知模式进行对比，发现自己的问题，及时修正。

以上方法中，前三种方法是认知学徒制的核心方法，学生对认知策略与元认知策略的掌握需要教师采用以上方法来提供帮助与指导。

（三）四要素教学设计模型

四要素教学设计模型由梅里恩伯尔教授于 1997 年提出，梅里恩伯尔教授将学习技能划分为以下两种类型：第一，复用性技能，指常规的、被反复运用到学习过程中的技能。这类学习技能具有稳定性，适用于任何学习任务。第二，非复用性技能，新异的、需要学生付出努力才能掌握的技能，这类技能在学习过程中的运用与学习任务有关。四要素教学设计模型包含以下四个要素：

1. 学习任务

在四要素教学设计模型中，学习任务居于核心地位，其特点主要表现为真实性、整体性。真实性指的是学生参与的是真实存在或与现实十分接近且有意义的学习任务。整体性指的是学生以整合的方式进行技能学习。

2. 支持性信息

支持性信息主要指一般理论知识，学习这些知识有助于学生理解与操练技能。

3. 即时信息

即时信息只需要学生记忆，不需要理解，主要是为掌握复用性技能奠定基础。

4. 分任务练习

分任务练习是为了加强复用性技能操练，以达到能够熟练运用的程度。

第三节 现代教育技术在高校教学中的运用

一、现代教育技术在教学环境中的运用

现阶段，教育改革应将现代教育技术作为立足点和制高点。在教育教学过程中，学校应充分发挥现代教育技术的作用，将教育技术渗透到教学环境中，开展信息化教学，以对学生的创新潜力进行挖掘，培养学生的创新意识与能力，为社会培育高素质的全面型、创新型人才。接下来我们主要研究现代教育技术在教学环境中的应用，重点为在现代教育技术支持下的数字校园网络。

（一）数字校园网络的概念

数字校园网络指的是利用网络媒介、通信媒体和管理服务的一个集成应用系

统。在数字校园网络中，可将现代化手段充分利用起来，以全面支持学校教学、学校办公、学校管理、学校对外交流等，并通过与网络的接入进行远程交流，实现资源共享，从而促进教学质量、科研水平的提高。数字校园网络的结构，如图1-3-1所示。图中显示，信息中心是数字化校园网络的中心，内网、外网是数字校园网络的两大组成部分。其中内网也就是校园网络，在学校的教学楼、办公楼、实验楼、图书馆、宿舍楼等区域都有网络覆盖，主要为学校教学、管理和科研服务；外网主要提供对外服务。整个校园网以学校的网络信息中心为服务和管理中心，校园网内的信息交换、网络系统的正常运行以及校园网与广域网的信息交流都由信息中心负责。中心交换机、网管机、服务器群组及边界路由器等设备是网络信息中心的基础配置，网络信息中心依靠这些设备形成了拓扑结构。

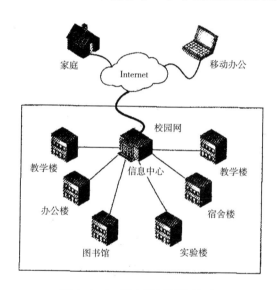

图1-3-1 数字校园网络的结构

（二）数字校园网络的应用

数字校园网络主要服务于学校教学、科研和信息交流，具体应用如下：

1.信息发布

学校的对内校园网站主要供校内师生工作和学习使用，对外校园网站主要用于对外信息交流，将学校形象展示给社会。学校对会议通知、重大事件等的公布主要借助网站主页,学校的发展历史、院系和专业设置、招生就业信息等重要信息与资料也在校园网上有详细的介绍。

2. 教学应用

校园网通常都建设了相应的网络教学平台,为学校各项网络教学活动的开展提供支持,如教师备课、上课、组织测试,学生选课、学习、参加考试等,教务人员对学校教学工作的数字化管理,远程教育的开展等。校园网的教学信息资源库有检索、下载等功能,为师生的教学与学习提供了极大的便利。

3. 管理应用

学校的分布式管理系统十分先进,系统模式较为复杂,体现为网络状、多通道,能对校园信息及时进行收集、统计、分析,实现数据库和软硬件资源的共享,促进学校办公效率和教务管理、人事管理、财务管理、后勤管理等管理效率的提升。

4. 数字图书馆

数字图书馆是以数字校园网络为基础的一个开放平台,该平台将丰富多彩的多媒体信息数字化,并组织与存取这些信息资源,从而为学校师生和学校图书管理提供便捷服务。

5. 科研应用

校园网络使各类计算机硬件资源、软件资源及学术信息资源被校内外用户共享,从而使科研成本降低,科研效率提升。师生可利用校园网络对科研资料进行查阅,与他人展开学术观点方面的探讨。

（三）数字校园网络的建设

建设校园网主要是为了提高学校的教学水平、管理效率及为学校其他方面工作的开展提供便利。举例来说,校园网教学应用的核心是多媒体教室和多媒体辅助教学,在网络建设过程中,应充分考虑多媒体信息的特点、如何有效控制并发信息、网络的安全性等因素,应保证网络应用和管理简便易行。下面对三种规模大小不同的校园网建设进行简要描述:

1. 小型校园网建设

①能容纳 50 个多媒体用户的多媒体教室；②能容纳 24 个多媒体用户的电子阅览室；③60 个校园网普通／多媒体用户；④互联网接入，安全的广域网访问。

2. 中型校园网建设

①具备视频点播、广播系统，对用户数没有限制；②能容纳 100 个多媒体用户的多媒体教室；③能容纳 24 个多媒体用户的电子阅览室；④ 80 个校园网普通／多媒体用户；⑤ 16 个远程用户拨号访问校园网；⑥互联网接入，安全的广域网访问。

3. 大型校园网建设

①具备视频点播、广播系统，对用户数没有限制；②能容纳 100 个多媒体用户的多媒体教室；③能容纳 24 个多媒体用户的电子阅览室；④ 120 个校园网普通／多媒体用户；⑤ 16 个远程用户拨号访问校园网；⑥高速互联网接入，安全的广域网访问。

二、现代教育技术在教学资源中的运用

随着信息化教育水平的不断提高，数字化教学资源在推动教育教学改革、构建新型教学模式方面发挥着越来越重要的作用。教师专业发展也要求教师具备有效利用数字化资源的能力，对数字化教学资源的应用与管理能够促进教育教学的优化和师生的共同发展。下面就现代教育技术在教学资源中的应用展开研究，主要内容包括数字化教学资源的内涵、开发、利用与管理，数字图形图像资源、音频资源等。

（一）数字化教学资源的内涵

1. 教学资源的内涵

教学资源是指各种各样的媒体环境与一切可用于教育教学的物质条件、自然条件以及社会条件的总和。具体来说，教学资源包括教学资料、支持系统、教学环境等组成部分。

2. 数字化教学资源的内涵

数字化教学资源可以理解为通过数字信号的形式在互联网上传输的、蕴含了大量的教育信息、能创造相应的教育价值的信息资源。数字化教学资源中的要素可以单独使用，也可以组合起来使用，能够有效促进学习者的学业进步。

（二）数字化教学资源的开发原则

数字化教学资源开发的原则如下：

1. 目的性原则

开发教学资源是为了向学习者传授科学文化知识，培养学习者多方面的能力，提升学习者的思想水平，在一定程度上推动素质教育的发展。开发教学资源的目的也体现了教学资源的本质属性。为了更好地体现教学资源的目的性原则，需要注意以下几点：

一是要科学选题，明晰教学对象和教学目标。

二是要适当选择教学内容，厘清教学层次，使教学的重点和难点更明确。

三是根据学习者的认知水平和特点合理选择教学内容，符合学习者的认知逻辑。

四是选择合理的教学策略，合理利用多种教学模式，比如自主学习模式、协作学习模式和探究式学习模式。

2. 科学性原则

科学性原则可以理解为开发的教学资源能正确反映学科基础知识，体现现代科学技术的真实水平，同时也能通过科学的方式表现出来。科学性原则主要体现在以下几个方面：

一是选择恰当的、具有代表性的教学资源，同时教学资源的素材必须是真实的。

二是教学资源的内容是科学、准确的，用语必须符合规范要求。

三是教学资源内容的呈现结构符合认知逻辑。

四是教学资源的操作准确、无误，符合规范要求。

3. 技术性原则

技术性原则可以理解为在进行必要的交互时，运用合理的技术，确保素材达标，维护程序的安全稳定。在开发教学资源时贯彻技术性原则需要注意以下几点：

一是选择恰当的媒体，设计必要的交互。

二是选用清晰的教学图像，音频和视频图像清楚，色彩逼真。

三是使用的设备和器材符合技术要求，软件性能和运行都稳定。

四是开发教学资源的过程符合科学的规范，教学资源的操作简单便捷。

4. 艺术性原则

艺术性原则可以理解为开发的教学资源具备丰富的表现力，同时兼具艺术感染力，能够调动学习者学习的积极性，也能够培养学习者的审美。在开发教学资源的过程中贯彻艺术性原则需要注意以下几点：

一是构图要合理，搭配的色彩要协调，整体的风格要统一，具备美感。

二是教学资源的语言要简洁、生动，使用版式要符合规范。

三是教学资源的视像、动画要生动有趣，具备一定的感染力。

5. 创新性原则

创新性原则可以理解为开发的教学资源立意新颖，具备独特的构思和巧妙的设计，想象力和表现力比较丰富。

（三）数字化教学资源的利用

数字化教学资源主要应用于以下几个方面：

1. 课堂演示

通常情况下，为了更好地启发和提示学生，在课堂演示教学中会应用数字化教学资源展示解决问题的全过程，这样能够有效解决教学中的重点和难点。

2. 模拟实验

利用计算机仿真技术，在进行模拟实验教学或探究发现学习时，向学生提供可更改参数的指标项，学生输入不同的参数就能获得模拟对象不同的状态和特征。

3. 网络课程

网络课程中用到的信息化教学资源是将学习的课程资料、教学活动和支持环境融为一体。

4. 训练复习

训练复习是指向学生提供相应的问题，以便训练和强化学生的知识和能力。在设计这种类型的教学软件时，要确保软件的知识覆盖率达到一定的要求，帮助学生进行全面的复习，同时也能考核学生的能力。

5. 教学游戏

教学游戏是指根据学科知识内容设计相应的游戏，在游戏中提升学生的能力，帮助学生掌握相关的学科知识，调动学生学习的主动性。

6. 个别化学习

个别化学习具备完整的知识结构，能体现教学过程，教学策略合理恰当，能通过形成性练习评价学生的学习行为，界面设计对学习者来说是比较友好的，能够实现人机交互。

7. 资料与工具

资料与工具包括各种各样的电子工具书、电子字典，还包括各类图形库、动画库、声音库等。资料与工具的教学软件只提供某种教学功能或某类教学资料，不能反映完整的教学过程。学生在课下可以利用这类软件查找资料，也可以根据教师的讲解选择相关的教学片段，用来辅助课堂教学。

（四）数字化教学资源的管理形式

数字化教学资源的管理形式主要包括资源的索引编制、发布、修订、删除、传输、审核和检索等。数字化教学资源按照学科组织建设与使用，但按照物理属性来分类管理，资源管理系统应具备以下功能：

（1）查、录、删、改各种数字化教学资源的功能。

（2）支持单键查询功能。

（3）能随机输入单个资料和批量输入大量资料。

（4）导航及检索预览功能良好。

（5）相关素材的显示功能。

（6）评论输入及显示功能。

（7）多媒体素材应集成多媒体音频影像查询技术。

（8）支持多文件压缩下载功能。

（9）素材的远程提交功能。

（10）基于标准互换格式的资源导入、导出功能。

（11）提供内容传输管理，支持多媒体上传和下载功能；保证多媒体传输的安全性、稳定性和保密性。

（12）提供与第三方应用程序的接口。

（五）数字图形图像资源的获取

图形图像是教学信息中最常见的一种信息表达形式，可以将教学信息直观、形象、生动地表达出来。在计算机中，图形图像是以数字方式记录、处理和保存的。因此，图像也可以说是数字化图像。在绘图与图像处理的过程中，往往需要交叉运用矢量图像和位图图像这两种类型的图像，取长补短，使处理的作品更完美。数字图像的获取方式具体操作如下：

1. 购买图像库光盘

可以在市场选购数字化的图形、图像库，它们存储在 CD-ROM 光盘上，用户可以根据需要自行选择购买。

2. 扫描仪扫描

用扫描仪可将模拟图像（照片、图片、美术作品等）扫描到计算机中，变成通用的数字图像。

3. 利用绘图软件

用 Windows 的 PaintBrush（画笔）、Painter、Photoshop 等软件都可以绘制各种图形，也可以加工处理图像。利用 Office、WPS 中提供的绘图工具也可以生成一些 CAI 课件制作中需要的图形。

4. 网上下载

从网上下载图片的操作方法如下：

（1）将光标放在网页中要保存的图片上。

（2）右击，在打开的快捷菜单中选择"图片另存为"命令，打开"保存图片"对话框。

（3）在"保存类型"列表框中选择文件类型，在"保存在"框中确定保存文件位置。

（4）在"文件名"框中输入保存文件名称，单击"保存"按钮。

5. 截取屏幕图像

利用一些软件截取屏幕上的图像画面，再以文件的形式保存下来。Windows操作系统有屏幕抓图的功能，在一般情况下直接按 Print Screen 键，Windows 将整个屏幕上的内容捕捉到剪贴板中；若同时按下 Alt+Print Screen 组合键，可将当前活动窗口的内容捕捉到剪贴板中。要保存复制剪贴板中的图像，先打开一个图形图像处理软件，然后选择"编辑"菜单下的"粘贴"命令粘贴剪贴板中的图像，再把它保存成图像文件。此外，用 HyperSnap–D×、Capture Profession、PrintKey、SnagIt 等专门的屏幕抓图软件可以捕捉屏幕上的任何内容。

6. 用数码相机拍摄

数码相机集成了影像信息的转换、存储和传输等多种部件，具有实时拍摄、数字化存储模式和与计算机交互处理等特点，可以把看到的现象、景物转化为数字信号，直接输入计算机中。

7. 用电视机、摄像机捕获

电视机和摄像机通过视频采集卡与计算机相连，视频采集卡可以将模拟信号转换成计算机能接收的数字信号，将视频图像以一定的文件格式存储，供使用者进一步使用。

8. 视频帧捕获

利用超级解霸等软件可以将视频图像进行单帧捕获，以静止图像形式保存起来。

（六）数字图像的编辑处理

在使用从各方面获取的图像前需要进行编辑处理，以满足需要。数字图像的编辑处理包括以下几个方面：

1. 图像调整

图像调整即为调整图像的尺寸、亮度、色相、色彩平衡、对比度、色彩模式等。

2. 图像裁剪

图像裁剪即为选择图像中需要的区域进行裁剪。

3. 图像修描

图像修描即为擦除缺陷或修改图像细节，使其更美观。

4. 图像合成

图像合成即为合并几幅图像中需要的部分，并进行必要的加工处理，使之符合教学要求。

5. 艺术处理

图像艺术处理是指使用Photoshop、CorelDRAW、Adobe、Macromedia、Freehand 等图像处理软件提供的各种工具改变图像效果，如添加画框、改变色彩、删除红眼等，也可以利用软件提供的各种滤镜实现不同的艺术效果。

（七）数字音频资源的获取与编辑

音频是一个非常重要的信息传播途径，在教学信息传播过程中占有重要地位。人们在教育教学以及语言、音乐的学习中应用声音的记录、修饰、放大、存储等技术，使教育信息的传播打破了时空的界限。扬声器、传声器、耳麦、音箱、扩音机、CD、录音机、MP3 等设备和器材都与音频相关。

1. 声音素材的获取

（1）购买声音素材库

市场上出售的声音素材库包含大量的音乐和效果声，这种获取声音素材的方法最直接、最方便。

（2）现有音频格式转化

采用软件使各种声音文件进行格式的转换，如超级解霸3000中的"实用工具集"里面的"音频工具"就是十分简单的音频格式转换工具。

（3）网上下载

互联网技术的高速发展使得网上的信息越来越丰富，利用互联网就可以直接下载一些音乐文件和视频。如果提供了下载链接，那么直接点击下载链接进行音频资源下载即可。如果未提供下载链接，那么需要使用专门的下载软件进行音频资源的下载，比如迅雷等软件。

（4）自行录音

制作CAI课件时，用计算机录音是获取声音素材最常用的方法，它只需用户准备话筒和音频线。自行录音的步骤包括设备连接、设置录音属性、选定录音的通道、录音及保存。

2.声音文件的编辑

对于获取的声音素材还应根据需要进行编辑。声音编辑软件是多种多样的，以Windows操作系统提供的"录音机"程序为例来分析声音文件的编辑，方法如下：

（1）删除声音文件的部分内容

①进入"录音机"程序窗口。

②依次选择"文件""打开"命令，打开要编辑的声音文件。

③将鼠标放在滑块上，移动滑动按钮到要删除的位置。

④打开"编辑"菜单，选择"删除当前位置之前的内容"或"删除当前位置之后的内容"选项。

（2）插入声音

①进入"录音机"程序窗口，打开要进行插入操作的第一个声音文件。

②将滑块移到要插入另外一个声音的位置。

③依次选择"编辑""插入文件"命令，打开"插入文件"对话框。

④选择要插入的声音文件，单击"打开"按钮，完成保存文件。

（3）声音文件格式转换

①进入"录音机"程序窗口。

②依次选择"文件""打开"命令。

③在出现的对话框中选择要进行格式转换的声音文件。

④依次选择"文件""属性"命令，出现对话框。

⑤在"选择位置"列表框中选择转换后的文件类型，单击"立即转换"按钮，出现"选择声音"对话框。

⑥在"名称"下拉列表框中选定转换后的声音格式，单击"确定"按钮后进行转换，转换完后单击"确定"按钮，回到"录音机"程序窗口。

⑦依次选择"文件""另存为"命令，输入文件名，将其保存下来。

（4）给解说加背景音乐

①进入"录音机"程序窗口，打开背景音乐的声音文件。

②移动滑动按钮到要混入另一个解说声音文件的位置。

③依次选择"编辑""与文件混合"命令，选定解说声音文件。

④单击"打开"按钮，完成保存文件。

（5）增强声音效果

在"录音机"程序窗口的"效果"菜单中可以根据需要选择相应的命令来改善声音效果。

①更改放音速度。在"效果"菜单中选择"加速"或"减速"选项，可以改变声音的播放速度。

②更改声音音量。在"效果"菜单中选择"提高音量"或"降低音量"选项，可以改变声音的播放音量。

③添加回音。在"效果"菜单中选择"添加回音"选项，可以改善声音效果。

④反向。在"效果"菜单中选择"反向"选项，可以颠倒播放顺序。

第二章 "互联网+"时代高校课堂的教学方法改革分析

教学是高校的中心工作，教学方法是实现教学目标、保证教学质量的重要手段。由于高校教学面对群体的特殊性，高校教学方法区别于一般教学方法的特点，表现为明确的专业指向性与科学研究方法的接近性。近年来，高校逐渐认识到教学方法改革的迫切性和重要性，把教学方法改革作为深化教学改革的重要突破口和切入点。准确了解高校教学方法的特点对教学方法的改革有着极为重要的意义。本章为"互联网+"时代高校课堂的教学方法改革分析，分别从"互联网+"时代高校教学方法的概述、"互联网+"时代高校教学方法改革的意义、"互联网+"时代高校教学方法的选择运用三个角度展开了论述。

第一节 "互联网+"时代高校教学方法的概述

一、教学方法的定义及其特征

（一）教学方法的定义

通常，"方法"指的是解决问题的门路和程序。对于教学方法来说，至今尚未有统一的概念，学者各执己见，众说纷纭，给出了许多不同的解释，主要的诠释有以下几类：第一，教学方法是教师为了实现教学目标，完成教学任务，在教学过程中采用的一系列方法措施。第二，教学方法是为了完成教学任务而采用的方法，这里的教学方法既涉及教师的教又涉及学生的学，教师为了引导学生掌握知识和技能，促进学生身心发展而采取的方法。第三，教学方法是为了实现教学目的，完成教学内容，在教学原则的指导下，利用教学手段而进行的一套师生相互作用的活动。第四，教学方法是教学过程中教师和学生为了实现教学目的，完成教学任务而采取的教与学相互作用的活动方式的总称。

教学方法指的是在具体的教学过程中使用的方法，教学方法属于教学方法论的一个层面。教学方法论是由多层面的内容组成的，主要包括教学方法指导思想、基本方法、具体方法和教学方式。教学方法既涵盖了老师教的方法也涵盖了学生学的方法，可以说教学方法是教授方法和学习方法的统一。教师在选择教学方法时必须符合学生的学习习惯，这样才能使教学更具针对性和可行性，也才能实现预期的教学目的。通常情况下，教师在教学过程中居于主导地位，基于此也使得教学方法居于主导地位。

教学方法与教学方式存在着一定的差异，但又有密切的联系。相比于教学方法，教学方式着眼的是更细节的层面，一系列的教学方式组成一种教学方法，而任何一种教学方法又可以分解成多种教学方式。教学方法具体来讲就是一系列有目的的活动，能独立完成某项教学任务，教学方式只被应用在教学方法中，不能独立完成教学任务，只能辅助教学方法来完成教学任务。

除此之外，与教学方法存在紧密关系的概念还有教学模式和教学手段。所谓教学模式指的是在一定的教学思想的引导下建立起来的、为完成某一教学课题而运用的比较稳定的教学方法程序及策略体系。教学模式是由若干个有固定程序的教学方法组成的。不同的教学模式有不同的教学指导思想，同时发挥着不同的功能。教学模式能够影响教学方法的运用，也能够影响教学实践的发展。在现代教学中，传授——接受模式和问题——发现模式可以说是最具代表性的教学模式。

不同的时代具有不同的社会背景和文化氛围，研究者研究问题的角度和侧重点也具有明显的区别。在不同的时期，中外教学理论研究者对"教学方法"概念的解说也各有差异。但是这些教学方法不同界定之间存在着以下共性：

（1）完成教学目的和教学任务是教学方法的出发点和立足点。

（2）师生双方共同采用教学方法来完成教学活动内容。

（3）在教学活动中，师生双方行为的体系表现为教学方法。

教学方法具有一些典型特点：首先，教学方法蕴含特定的教育和教学的价值观念，是为了实现特定的教学目标而采用的。其次，教学方法的选择要依据特定的教学内容。最后，具体的教学组织形式也会影响教学方法的选择。

从整体上来看，教学方法的概念有狭义和广义之分。从狭义上来看，教学方法指的是教师在教学活动中如何对学生施加影响，为了把科学文化知识传授给学生，提升学生的能力，开发学生的智力，培养学生的道德品质和素养所采取的具体的手段。从广义上来看，教学方法指的是教师和学生在教学过程中，为了实现共同的教学目标，完成共同的教学任务，所采取的方式和手段的总称。广义上的教学方法包括教学形式的组织、教材内容的编写方式等。

（二）教学方法的特征

教学方法是教学得以开展的基本条件，是教师教育理念反映的基本形式，是实现教育目标的基本途径，是完成教学任务、实现教学目标和提高教学质量的关键所在。无论在教学理论还是在教学实践中，教学方法都占据着十分重要的地位，是教学理论构成中不可或缺的内容，是教学实践中不可替代的表现形式，具有指向性、整合性、可操作性、灵活性、层次性、多样性等特点。

现阶段，从宏观角度来看，我国常用的教学方法有以语言形式获得间接经验的教学方法、以实际训练形式形成技能和技巧的教学方法以及以实际训练形式形成技能、技巧的教学方法。其中讲授法、谈话法、讨论法、读书指导法等属于以语言形式获得间接经验的教学方法；演示法、参观法等属于以直观形式获得间接经验的教学方法；练习法、实验法、实习法等属于以实际训练形式形成技能、技巧的教学方法。这些教学方法发挥着重要的作用，有助于教学质量的提升。因此，这些教学方法在教学过程中常常被采用。但是需要注意的是，没有一种教学方法是万能的，在教学过程中，教师应灵活搭配教学方法，使其发挥应有的作用。

二、高校教学方法的界定及其特征

（一）高校教学方法的界定

从国内外有关教学理论的文献来看，很难找出关于高校教学方法内涵及其特征完全一致的界定。具体的诠释有以下几个方面：其一，高校的教学方法是教师和学生为达到教学目的而共同进行的认识和实践活动的途径和手段，就是教师如何教、学生如何学的问题。其二，高校教学方法是指在教学中教师如何传授教学内容，为使学生掌握教学内容时采用什么方法以及如何处理这一类问题的办法。其目的在于激发并引导学生以自我活动去掌握知识，因而教学方法应以教学过程的内部逻辑为依据，并受教学目标和教学内容的制约。其三，高校教学方法是教学主体在教学过程中为实现一定的教学目标，完成教学任务而采用的教与学的技术、技巧、程序、策略或方法的综合。其四，大学教学方法是能够激发师生思想、情感、潜能、智慧，发挥师生积极性、主动性、创造性的教学方法；是摒弃、无视受教育者主体性，漠视受教育者的生活世界与现实社会的价值冲突、教育教学与现实世界的有机联系，忽视对受教育者的理性精神培养、自由思考与独立探索精神培育的教学方法；是构建追求真理、崇尚学术、严谨求实、合理扬弃、正确引导的高校文化体系的教学方法；是铸就科学与人文并举、传统与现代相融、国内与国际相连、求实与求新互应、爱校与爱国相通的高校精神的教学方法。以上是目前我国研究者对高校教学方法比较有代表性的理解。研究者对高校教学方法概念的界定不尽相同，存在着"手段说""方法说""活动说"等主张。大体说来对高校教学方法概念的理念有两种认识，一种观点认为，高校教学方法包括教师教的方法和学生学的方法，两者是有机不可分割的。另一种理解是，教学方法与学习者的认知心理、情感意志有关，从而与学习者的学习方法紧密联系，两者相互影响。从目前的研究成果来看，学术界对教学方法的认识已注意到学生的主体性活动和师生间的相互作用，教学方法囊括了教师的教法和学生的学法，这已逐渐达成了共识。尽管如此，但"教法"和"学法"毕竟属于两种不同的方法体系，应各自有自己独立的理论。

（二）高校教学方法的特殊性及其特征

教学方法是为了达到教学目的，师生进行有序活动的方式的总和。随着知识经济的出现，现代教学技术手段的广泛运用，我国和其他各国在教学方法改革实践中涌现出一些影响比较大，可以代表当今教学方法改革水平和趋势，且取得一定成效的教学方法。这些方法不同于传统的教学方法，在理论依据、指导思想、实施步骤、运用手段、采取技术、适用范围等方面都有不同的特点。这些方法尽管形式各异，特点不同，效果有别，但我们透过各种教学方法的表现形态，仍然可以找到一些共同的特征。对这些代表不同国家教学方法发展水平的方法进行科学的分析，将有利于我们对这些方法的理解、掌握和运用，有利于我们比较准确地把握现代教学方法的本质属性，从而有利于我们进一步深化教学改革，提高教学质量。

1. 高校教学方法的特殊性

高教理论界绝大多数研究者认为与普通学校教学方法相比，高校教学方法确实具有特殊性。研究者对高校教学方法的特殊性有不同的看法。有的研究者认为，高校教的比重逐渐降低，学的比重逐渐增加；校内教学和社会实践相结合；传授法向指导法转化；学习方法由再现式向探索式转化等，这些都是高校教学方法特殊性的表现。高校教学方法有两个特殊性：一是专业教育特点，二是大学生身心发展特点。明确的专业指向和由此产生的与科学发展过程和研究方法的接近，是高校教学方法的特殊性。苏联学者科贝利亚茨基在《高校教育学原理》一书中也对高校教学方法的特殊性进行了研究。从形式上来讲，高校的教学方法可以看作师生在教学过程中达到既定目的的方法。高校的教学方法往往表现为研究的方法，这些方法较之普通学校的教学方法能在更大的程度上接近于科学本身的方法：在高校中我们不仅讲述事实，而且揭示方法论和科学本身。如果说传统观念认为中小学由于以对学生传授知识为主的教学特点和学生年龄决定了其教学方法多在外在的形式上下功夫，对教师教学技能的要求比较高的话，那么高校在向大学生传授必要的基础知识的同时，主要应以培养学生的创新能力为主。高校教学方法是以造就具有创新精神和独立工作能力的人为目的，它的教学方法应带有

"探索性"和"创造性"的特征。教学方法就其主导性而言，它是为人类掌握已有的认识成果所采取的有效途径，同时又包含着深刻的探究和发现未知领域的因素，科学研究方法必然在高校教学方法中得到充分的反映。可见，教学方法的问题是个科学的问题，关系到如何培养人、培养什么样人才的大问题。

综上，我们可以看出高校教学方法的概念与普通教学方法的概念具有共同之处又有不同之处，对这一问题的研究是为了更好地将普通学校的教学方法与高校的教学方法区别开来，突出高校教学方法的特殊性。

2. 高校教学方法的特征

高校教学方法相较于普通教学方法主要有两个特点：一是专业教育的特点，二是高校学生身心发展状况的特点。

（1）高校教学方法具有鲜明的学科特点

对于高校学生来说，当代社会各行各业所需要的、专门的科学文化知识和能力都是需要掌握的。这就要求高校的教学必须在科学发展的过程中不断探索，始终处于社会发展和科学发展的最前沿。基于此，高校教学方法不仅具有很强的专业性和针对性，还具有一定的探索性。

高校教学方法具有鲜明的学科特点，具体表现在学科的研究方法上，比如科学的思维方法、理工科的实验法、结合学科特点和课题任务进行科学训练的方法等。高校学生本身就具备一定的知识储备，智力发展也相当成熟，随着教学的内容越来越深入，教学方法受学科研究的影响也会越来越强。

（2）高校教学方法具有研究方法的性质

高等学校的教学方法也是一种特殊的认知方法，体现了科学方法的性质。高等学校的教学过程是一种特殊的认知过程，与科研过程和单纯的学习过程完全不同，教学过程是在教师的指导下，学生进行学习和发现相结合的过程。科学的教学过程离不开科学的教学方法。

对于高校学生来说，其生理和心理逐渐成熟，已经不满足于简单地吸取知识、形成一般的能力，而是追求掌握科学的研究方法，在深入科学发展的过程中学习构成思想基础的方法。基于此，高校的教学方法更应该接近研究方法。传递和掌握人类先进知识和技术是高校教学的主要任务，而这些先进的知识和技术正是科学研究方法的成果，只有通过科学的研究方法和手段，才能取得科学的研究成果。由此看来，高校教学方法会受科研成果和获得成果的科学方法的制约是显而易见的，只有在科学方法上获得新的突破，高校教学方法的改革才有实现的可能。正是在此意义上，我们可以说高校教学方法具有科学研究方法的性质。

（3）高校教学方法的本质，在于师生联系方式与科研方法的统一

高等学校对大学生开展初步的科研训练，有助于将教学与科研结合起来，提升高校的教学质量。因此，高校教师有必要深入了解教学方法的特殊性及其特征，加深对教学方法的理解，提升自身的科研能力，利用教学来推动科研的发展，同时利用科研促进教学的进步，最大限度地做到教学与科研的统一。不仅如此，加深对高校教学方法特殊性及其特征的认识，也有助于高校教学方法的创新。

当今世界处于一个创新的时代，创新型人才的需求对大学生提出了学会学习、在研究中学习的要求。而高等教育的主要责任就是育好人，教学生进行科学的探究以及参加培养探究能力的实践活动，通过以上论述，高校教学方法是高校教师和学生为了实现共同的目标而做的努力。因此，高校更要讲究教学方法，尤其是教师教的方法，在教师的指导下学习方法。高等学校教学方法是高校教师在一定教学思想的指导下，引导和帮助学生如何科学地认识知识成果和学科前沿知识以及如何进行科学思维和探究的方法。

三、高校教学方法的现状

在人类的社会实践中，方法不仅制约着实践效率的高低，而且制约着实践的成败。教学方法是教育研究中的一个重要问题，教学方法是教学理论与教学实践的永恒主题，是教育学研究的一个重要内容。不管是从理论的层面，还是从实践的层面，人们都给予了极大的关注。教师能否恰当地选择教学方法甚至决定着教学的成败。合理利用教学方法能够使知识更具明确性、具体性、根据性、有效性、可信性。同时，教学改革的关键也在教学方法的创新，所以说研究高校教学方法具有重要的理论价值与实践意义。当今世界，信息技术和科学技术发展迅

速，知识经济时代已然来临，各国的现代化教学改革速度明显加快，由于各国文化背景、教育传统有所不同，其教学改革各具特色，在教学方法的选择和使用上也存在很多的不同。

（一）国外进展

学者们基于比较的视角对国外高校教学方法的改革进行了有价值的研究，其中，有学者指出，尽管各国的文化背景、教育传统存在差异，但面对相同的时代背景和挑战，各高校在教学方法改革上呈现出如下一些共同点：重视讨论和交流，重视合作学习，重视探究和创新精神的培养，注重个体化，重视采用现代教学技术。也有学者单独对美国研究型大学的教学方法改革进行研究后指出，美国研究型大学本科教育改革新动向是：以研究为基础的教学模式、以探究为基础的大学新生年和创造本科生的顶峰体验，共同构成了贯串其本科教育全过程的教学方法改革的核心内容。

（二）国内现状

在大规模的高校教学改革的影响下，我国高校教学方法的改革如火如荼地开展着。传统的注入式的教学方法受到普遍的批判，人们迫切要求在教学方法中融入新的元素，发现法、情境教学法、案例教学法等得到认可，并得以推广试行，取得了不错的成果。

有学者认为，当前在教育改革的诸环节中，课程体系、教学内容和管理体制以及经费投入等已经受到了普遍关注，但是对教学方法的改革研讨却仍然不多，特别是高等教育对教学方法的改革历来重视不够；更有学者指出，长期以来，教育理论界对基础教育的教学方法研究比较充分，而对高校教学方法的研究严重不足。一些高校教师重视学术研究，而忽视教学方法的研究，往往只用自己过去惯用的那一套教学方法来应付教学，因而"填鸭式""满堂灌"依然是高校教学方法的主旋律。教学方法的改革仍滞后于其他方面的教学改革，其仍具有难度大、阻力大、改革进展相对小的特点。

第二节 "互联网+"时代高校教学方法改革的必要性和意义

一、高校教学方法改革的必要性

现阶段，我国建设的重点是创新型国家，高校的主要任务是培养创新型人才。对于高校来说，其不仅承担着传播知识的职责，还肩负着创新知识的重要使命。在高校教学过程中，应该注重培养学生的学习能力、解决问题的能力、沟通交流的能力、团队协作的能力以及创新的能力，帮助高校毕业生适应社会的发展。改革传统的教学方法，建立与创新人才培养体系相适应的教学方法是培养创新型人才的必由之路。

（一）传统课堂教学方法存在诸多弊端

在教学手段上，一些教师还是习惯于传统的教学方式。现在大部分学校都有电教设备和多媒体教室，但有些使用率不高。原因是一些教师运用现代化教学手段的能力和水平不高，又不愿意花大力气去学习。有些教师虽然使用了多媒体等现代化教学设备，但没有使用合理的教学方法，仅把书本搬上屏幕，学生感到内容多，听不懂，这并不等于教学的现代化。再者，"灌注式"或"填鸭式"的封闭教学模式，忽略了学生的主体性、能动性和创造性，扼杀了学生的个性，不利于学生的全面发展，使得师生双方的积极性都难以得到充分的发挥。

具体表现为：①课堂教学仍以讲授法为主，方法比较单一。②课堂教学仍以教师为中心，学生主体性未得到充分的尊重。③重教法轻学法，教的方法和学的方法不能相互促进。④教学方法和研究方法脱节，教学方法缺乏探索性。⑤教师的教学方法缺乏创新和发展。

（二）应对知识经济挑战的必然选择

知识经济时代的到来，对我国高等教育的发展提出了前所未有的新要求。我国高等教育能否跟上21世纪知识经济的发展步伐，高校培养的新一代建设者和接班人能否适应知识经济时代的要求，是摆在我们面前不容回避的重要课题。适应知识经济时代的要求，变革与创新教学方法，是培养创新人才的关键，探寻高校教师教学方法的新途径是非常必要的。

当前的时代是知识经济快速发展的时代，知识经济指的是以知识与创造力为基础的经济，是建立在知识和信息的生产、分配、使用和消费之上的经济。知识经济具有显著的特征，主要表现为：科技发展的速度越来越快，知识创新的速度也越来越快，从技术革命到产业革命的周期越来越短。为了更好地应对知识经济的挑战，必须加快创新人才的培养，只有这样才能在国际竞争中求得生存和发展。高等教育肩负着知识创新、科技创新和培养高层次专业人才的重要使命，而大学生是科教兴国、振兴中华的主要力量，培养大学生勇于开拓进取的创新精神和能力，才能加快建设社会主义现代化强国。

社会主义现代化建设对创新型人才有着很高的要求，不仅要重视对创新型人才的知识传授，还要培养学生独立思考的能力、获取新知识和新信息的能力、独立解决问题的能力。在我国的高等教育中，传统的教学方法是对学生进行"灌输式"教学，使得大学生的知识结构比较狭窄，不具备灵活运用知识的能力，缺乏知识的再生能力，难以适应知识经济发展的要求。由此，改革传统的教学方法有助于培养创新型人才。

（三）教学方法改革是提高高校教育教学质量的切入点

高校的中心工作就是教学，而教学方法是达成教学目标、提升教学质量的重要手段。同一门课程，同一堂课程的内容，不同教师来教，获得的教学效果是不同的；同一个教师采用不同的方法讲授同样的内容，同样会获得不同的教学效果，这就说明了教学方法对教学质量的影响。提高高校教育教学质量的根本是提高课程教学质量，学生之所以能够毕业是因为修够了一定的学分，而几乎所有的学分都是因为课程的学习而获得的。而学生在高校读书期间印象最深刻的也是教学效果最好以及教学效果最差的教师，说明课程学习对学生有着的深远影响。由此可见，课程教学质量的优劣直接影响人才的培养质量。高校要想提高教育教学质量就必须重视课程教学的质量，而课程教学的质量，关键在于教师，尤其在于教师的教学方法，采用学生乐于接受的方法教学，必然会达到事半功倍的效果，反之亦然。近些年各高校非常重视教学方法的改革，也正说明了教学方法的选择对教学效果的必然影响。

（四）高等教育大众化和信息化的必然要求

现阶段，国际高等教育发展的趋势是高等教育大众化。高等教育大众化指的是一个国家大学适龄青年中接受高等教育者所占的比例达到15%及以上。近年来，高校招生规模越来越大，使得我国高等教育逐步进入了大众化阶段，在校大学生的数量不断增加，原有的教育教学资源出现了短缺的情况，导致高校生源的素质参差不一。大众化教育对人才的培养提出了更明确的要求，要求人才满足社会多样化的需要和市场的需要，这在一定程度上冲击了高校传统的教学方法，这是因为传统的教学方法没有关注学生的个性需求，难以满足目标多样化的现实需要。

20世纪90年代以来，第二次信息革命轰轰烈烈地展开，其最主要的标志就是国际互联网的发展。第二次信息革命深刻地影响了高等教育的发展，给高等教育的思想观念、体制、结构、内容、形式、方法和技术等方面带来了新的挑战，高等教育逐步进入信息化发展阶段，信息化特征越来越明显，如教育思想观念越来越现代化，教育时间呈现出终身化的特点，教育空间网络化特点显著，教育内容越来越数字化，教育资源能够共建共享，教育技术越来越智能，教育对象越来越趋于全民化等。传统教育中"教师中心、教材中心、课堂中心"的思想被颠覆，传统的单向灌输转变为双向交流，更加关注师生之间民主平等的交流，引导学生进行独立的思考，鼓励学生进行创造性学习，调动学生学习的积极性，这明显不同于传统的以教师为中心、知识灌输型的教学方法。由此看来，高等教育信息化必然要求高校教学方法的创新。

（五）课程目标的改变

培养目标通过课程得以实现，培养目标发生改变也会使课程发生相应的改变。时代背景不同，使得社会对人才的需求也不同，这也是课程持续改革的根源。现阶段，中国正在进行两大富有深远意义的转变，分别是计划经济转变为市场经济、农业经济和工业经济转变为知识经济，这"两大转变"深刻影响了社会所需人才的规格和类型，也促进了人们知识观的转变，"专才"转变为"通才结合"，"适应性人才"转变为"创新性人才"。高等学校工作的出发点和最终归宿就是高等学校的培养目标，培养目标是高等学校进行一切工作的中心，这就要求高等学校的各项工作真正理解培养目标的精神实质和具体要求，确保目标培养的正确方向，进一步提升高校教学质量，加快培养创新型人才，提升大学生自身的综合能力。

高等教育的最终目的也体现在高等学校的培养目标上，高等学校的培养目标要在实际落实的过程中转化为具体的课程目标。所谓的高等学校的培养目标可以理解为把受教育者培养成为社会需要的人才，其中明确规定了人才的基本规格和质量标准。高等学校的培养目标不是一成不变的，而是随着历史时期和社会的发展不断变化着的，一定的培养目标会有一个与之相适应的高等学校课程目标，同时课程目标能够全面体现培养目标所要实现的宗旨。因此，高等学校课程的设计就是建立在高等学校的培养目标的基础上的。

不仅如此，高等学校的培养目标是人才定向、课程调整的重要依据，也关系着学生自身的未来发展，决定着高等学校内部课程配比的综合功效和结构比例，也对高等学校内部课程设置的广度和深度产生一定的影响。可以说，高等学校培养目标是高等学校课程结构发展与变革的重要依据。

高校教学改革的重要内容就包括教学方法的改革，教学方法的改革也是高校教学改革的重要突破口和切入点。在教学中，教师居于主导地位，是教学的主要执行者。因此，教师是教学方法创新的关键所在，这就要求教师正确认识教学方法的创新，树立现代教学理念，并将其应用于教学实践中。教师应根据课程内容和学生的发展水平来选择合适的教学方法。但是仍有一些教师在教学过程中只注重知识的传授，忽视学生能力的培养，虽然教师主观上认识到了培养学生能力的重要性，但在实际教学过程中还是以课程内容为主导，往往还是会首先选择传统的教学方法。传统的教学方法固然有其优点，但是已经难以满足当前社会人才发展的需要，不利于学生能力的培养。基于此，创新高校教学方法是非常有必要的。

二、高校教学方法研究的重要意义

在课堂教学活动中，教学方法是非常重要的因素。教学方法既体现了教师的主导作用，又影响着学生主导作用的发挥。合适的教学方法能够提升教学质量，改良教学效果，进而提升人才培养的质量，同时恰当的教学方法还有助于完成教学任务，实现教学目的。确定了教学目的，有了教学内容之后，必须搭配合适的教学方法。所以说，教学方法在一定程度上决定着教学的成败。

对教师或学生的工作形式及学习特征的高度概括，就是方法名称。通过分析教学方法的名称，能够对教学过程参加者的活动方式做基本的判断。教师能够选择恰当的教学方法，在一定意义上就意味着教学的成功，教师合理有效地利用教学方法，能够使知识更加的明确、具体、有效、可信。

目前，科技飞速发展，社会日益进步，各行各业都讲求效益，强调提高生产的效率。教学工作同样如此，在注重效益和效率的基础上还要求改进和创新教学方法，降低教师的劳动强度，减轻学生的课业负担，用较少的时间、精力和物力来提升教学质量，改善教学效果。

严格意义来说，教师的教法影响着学生的学法，教师采用什么样的教学方法教学生对把学生培养成什么样的人具有重要的意义，对学生的智力发展和人格形成具有重要的意义。在教学过程中，教师采用注入式教学方法，通过念笔记的形式要求学生死记硬背，教师只关注讲授教学内容，不引导学生进行独立的思考，不给学生独立活动的机会，学生就会缺乏主动性、独立性和创造性，难以培养学生勇于思考、敢于探索、勇于创新的精神。在《青年团的任务》一书中，列宁就谈到了学习的方式，他痛斥"死记硬背"的学习方式，认为这种方式脱离了实际，培养的只是"书呆子"，他强调理论联系实际，引导学生对获取的知识深思熟虑、融会贯通。由此可见，学生能否成长为具有聪明才智、科学头脑的合格人才，在很大程度上取决于是否用科学的教学方法。

（一）有助于教师意识到教学方法创新的重要性

时代的发展要求创新高校教学方法，创新型人才的培养也要求创新教学方法。高校的教学内容是非常广博和高深的，同时也充满了不确定性，高校教师在选择教学方法时更要慎重，要考虑周全，既要向学生传授抽象、间接的基础理论，又要启发学生的智力，引导学生主动地去思考，鼓励学生发现问题、解决问题。高校教师要加强对教学方法的研究，认识到创新教学方法的重要性，提升学生的创新能力。

（二）有助于丰富高校教师教学方法的相关理论

我国高等教育大众化发展越来越深入，人们越来越关注高等教育的教学质量。现阶段，国内关于高校教学方法的专门论著还比较少，但研究者研究高校教学方法的范围是比较广泛的。例如，有的学者研究高校教学方法改革的必要性，有的学者研究高校教学方法改革趋势，还有学者研究高校教学方法的国际比较，也有学者研究具体教学方法的应用等。

（三）有助于高校教学领导者引导教师进行教学方法创新

对高校教师教学方法进行研究是为了引导高校教师进行教学方法的创新。经过研究分析，高校领导者能够清晰地了解到现阶段教师教学方法创新的现状，从宏观上把握本校教师教学方法创新的基本情况，尊重本校教学的特点，针对创新中存在的主要问题加以引导，提高教学方法创新的成效，有效改善教学效果。

（四）对高校教师创新教学方法具有现实意义

高校教学方法研究往往采用理论与实践相结合的方式，有理论有例证，更是列举了多种教学方法方便教师在课堂教学中根据自己的风格和需要选择使用。从教师自身出发了解教学方法的现状，具有现实的可操作性，能够比较真实地了解目前我国普通本科教学方法及其创新的现状，激发广大学者以及教育工作者进一步厘清影响教学方法创新之因素，激发他们提出我国普通高校教学方法创新的相关措施。

改革教学方法既涉及教学思想观念的转变，又关系到教学实践的问题。学校必须从根本上变革教学方法，只有这样，才能实现创造性人才的培养目标。随着高校的扩招，教师教学的任务越来越重，要想保证教育质量，必须研究创新的教学方法。改革传统的教学方法是培养具有创新能力和应对新时代挑战人才的关键，也是推动我国的高等教育真正进入国际化行列的重要举措，不仅有助于培养创新型人才，而且能够满足知识经济对人才的需求。

第三节 "互联网 +"时代高校教学方法的选择运用

一、现代教学方法改革的新举措

改革高校教学方法是一个充满挑战性的过程，具有一定的难度。以往我们的教学内容是以考试为依据的，教学内容同时又影响着教学方法的选择，这就导致在考试内容没有大幅度的改革之前，教学方法的改革也很难有大的突破。但只要我们按照以下的教学方法去做，就会有成效的。

（一）重视教学中的师生互动

在传统的教学中，教师的教是教学的重点，教师注重传授知识。在现代教学方法的改革中，要求以学生的学为教学重点，注重发展学生的智力，培养学生独立思考的能力。教学方法的改革就是要转变以教师为中心、忽视学生学的状况，将教学的重心从"教"转移到"学"，从传授知识转移到发展智力，提升学生的综合素质。改革教学方法还要转变教育观念，激发学生学习的主动性，引导学生主动求知，使学生不仅能学会知识还能掌握获取知识的方法。

（二）突出"启发式"教学

传统的教学方法是"灌输式"，改革教学方法要突出"启发式"教学。"启发式"具有以下几个特点：第一，引导学生积极思考，带领学生开展实践活动，激发学生内在学习的动因；第二，将教师的主导性和学生的主动性结合起来；第三，将学生视作学习的主体。正是因为"启发式"具有这样的性质和特点，所以"启发式"才能成为素质教育的指导思想，贯串于整个的教学过程中。"启发式"

教学是素质教育最主要的教学方式，这种教学方式能够调动学生的积极性，让他们养成主动学习的习惯。

（三）强调教学方法的多样化

传统的教学方法是比较枯燥的，压缩了生动活泼的教学活动，并且传统的教学方法模式也比较单一，不利于学生的全面发展。改革后的现代教学方法是将教师讲述为主的"传授式"与学生探索为主的"发现式"融合起来，不仅包含按程序化教材进行学习的"自动式"，还可以创设环境，调动学生的情绪，进行"情景式"教学。为了促进学生综合素质的发展，教师可以灵活选用多种教学方法，培养学生的兴趣爱好，激发学生主动学习的积极性。

（四）打造教学手段的现代化

在传统的教学方法中，信息传递的主要媒介是语言和文字，教学活动的主要手段就是使用黑板和粉笔。随着现代教学方法改革的逐步深入，教学设备越来越现代化，教学手段越来越多样化。在实际教学中，程序教学机、电子计算机、电影、电视录像、多媒体技术设备应用得越来越普及。在改革教学方法的过程中，应用这些现代化的科技设备能够使教学过程更加生动有趣，还能充分开发学生的智力。教师在教学过程中可以将多种教学方法结合起来使用，将教师的教与学生的学有机结合起来，既能调动学生的积极性，还能高效完成教学任务，达到教学目标。

二、选择课堂教学方法的原则

影响课堂教学效果和教学效率的一个重要因素就是课堂教学方法的选择。总体来说，课堂教学方法是丰富多样的，教师如何有效地选择合适的教学方法成为摆在众多教师面前的一个困难问题。对于教师来说，不仅要考虑教学方法自身的因素，所教授学科的特点和教学内容、学生的实际情况、教师本身的教学素养和个性特质，还要考虑怎样优化组合各种教学方法，怎样积极有效地发挥教学方法的作用，使各种教学方法能够相互支持、相互配合，使教学内容更生动、更形象，充分激发学生的积极性，从而实现最优的教学效果。教师在优化和选择教学方法时应遵循相应的原则。

（一）重视讨论和交流

对于课堂教学来说，效果最好的方式不是传统的单向传授，而是应该加强教师和学生之间以及学生和学生之间的讨论与交流。灵感与灵感的碰撞，产生的火花不但是绚烂美丽的，更可以创造奇迹。因此，教师在选择课堂教学方法时应重视教学过程中师生、生生之间的交流。教师在用讲授法来教学的时候，不要一味地受限于教材和大纲，而是要及时地把自己的科研成果以及最新的科研信息或者自己的心得体会甚至是经验教训讲给学生听，让学生在接受知识的同时，可以随时参与科研、讨论科研，用学生广阔的思维打开教师的教学和科研思路。按照相应课程的需要，教师引导学生独立思考或组成小组合作学习，学生在听课笔记的基础上整理出相对完整的教学讲义或专题报告，完成后将其交给教师，教师整理后再复制给学生使用。只有这样，学生才能真正理解教学内容以及所涉及的相关问题。在进行成绩评定时，教师也应将课堂讨论、交流的内容作为评定的依据。

学生课程学习的重点和难点是课堂讨论，因为进行成绩评定时会参考课堂讨论的内容，所以学生往往会花费很多的时间和精力来准备课堂讨论。学生通过课堂讨论，能够交流各自的学习情况，与他人分享自己的研究成果，启发学生的智力，使学生在相互交流中提升自身的能力，锻炼学生在知识运作、技能训练、语言表达、归纳总结等方面能力。在课堂讨论中，教师的主要任务是提出问题、设置障碍、启发思路和引导争论。教师可以将学生在讨论过程中发表的各种观点写在黑板上，对争论的问题进行跟踪记录，引导学生交流各自的观点，进而得出各方都能接受的结论。在课堂结束前，教师要针对学生的讨论做最后的总结，提出可供学生参考的看法。

课堂讨论教学方法在教学中发挥着积极的作用，既能加强师生之间、学生之间的交流，还能启发学生的智力，引导学生主动探究问题，培养学生独立思考问题的能力。

（二）重视合作学习

在现代社会中，人们之间既存在相互竞争的关系，也存在相互合作的关系。现代教学也是同样如此，学生之间开展合作显得越来越重要。在现代教学方法中，有一种方法具有典型的"合作"特点，即"合作学习法"。合作学习与竞争和个体化的活动是不矛盾的，合作学习强调将竞争纳入合作学习的过程中。在学生之间开展合作有着重要的积极意义，一方面，能够有效提升学生的学习成绩；另一方面，能够帮助学生转变学习态度，正确认识自己的不足，养成正确的竞争观、合作观，促进学生各方面能力的提升。

合作学习一般是通过小组活动的方式来进行，活动的特点主要表现为"组内合作，组间竞争，各尽其能"。例如，在国外有一种交错搭接的合作学习法，这种方法将水平各异的学生混合编为小组，教师指导各小组学习相关材料，组内的成员分别负责学习材料中的某方面内容，并对这部分学习材料进行深入研究。小组成员掌握了各自的材料内容后，各组接受同一材料和任务的学生再合起来组成一个话题小组，相互交流自身所负责的内容，然后各自回到所在的小组去指导小组其他成员学习这部分内容。这样一来，所有成员都能接受和消化所要学的全部材料，完成学习内容，顺利通过考试。这种教学方法能够对小组成员起到强大的激励作用，能够最大程度调动学生学习的积极性，与教师一起完成教学任务。

（三）重视探究和创新精神的培养

现代教育的重要思想是培养学生的探究精神和创新精神，世界各国改革教学方法的重点和趋势也是培养学生的探究精神和创新精神。创新教学看到了问题的重要性，指出问题是新理论、新技术产生的基础，利用问题能够将知识转化为能力，将知识的潜在价值转化为现实价值。学生探究精神和创新精神的培养是一个复杂的过程，既要对课堂教学方法进行改革，也要运用启发式的教学思想，构建合理有效的考核方式，不仅要注重理论课教学，还要加强实验课教学。

在教学的过程中，教师要引导学生培养问题意识，积极开展灵活创新的思维活动和求实创新的实践活动，不断尝试、克服困难，使知识转化为能力，使学生能够独立地解决问题。同时，还要鼓励学生积极参与科研，指导学生学习科研基本知识，激发学生参与科研的热情，全面提升学生的研究意识与研究能力，为以后学生参与科学研究打下坚实的基础。教师也要注重培养学生的批判性思维，引导学生对观点、意见或证据做出自己的判断，鼓励学生获取真知，指导学生掌握推理、假设、求证等技巧，培养学生独立思考和解决问题的能力。教师还要鼓励学生勇于提问，敢于提出自己的新见解。

教师在实验教学中应不详细讲解设备、仪器的使用方法，鼓励学生在实际操作中根据使用说明书探索设备的使用方法。教师在指导学生进行合理操作的前提下，鼓励学生接触、摸索、调试、研究和使用各种设备、仪器，不要担心学生出错，鼓励学生放手操作，这样学生才敢于操作、善于实践，才能熟悉和了解设备和仪器，才能真正掌握自己所要学的内容。这种教学方式对培养学生动手意识和实践能力是十分有利的，给予了学生高度的创作自由，有利于学生创造力的培养，也有助于调动学生学习的积极性。

（四）重视个性化教学

注重不同个体的个性特征和认识特点，强调因材施教，这是现代教育教学的显著特点。各个国家都主张采用多样化的教学方式，这样才能体现个体的差异，尊重个体的个性发展。针对课堂教学，没必要强求统一教学内容和教学过程，每个教师应独立组织教学，展现各自的教学特色，营造开放、自由的教学氛围。教师在教学过程中应合理选择"启发式"教学、"讨论式"教学和"分层次"教学，在尊重学生不同认知方式和个性特征的前提下，灵活选择课堂教学方法，科学调整教学策略，使其符合学生的认知特点，引导学生将知识和观念内化为自己的知识系统和观念系统。教师还要根据课程特点灵活选用教学方法，不能局限于某一种教学方式，要不断创新教学方法。

（五）重视采用现代教学技术

随着现代教学技术在高校教学中越来越广泛的应用，计算机网络在校园中越来越普及，部分教室被逐步改造成与卫星和因特网连接的多媒体演播室。在教学过程中，教师利用计算机系统来辅助教学，为学生提供丰富的教学资料，利用计算机解答学生的各种问题，向学生传递各种教学信息，掌握学生学习的进度，帮助教师管理教学过程等。计算机可以说是学生学习时的智力辅助工具，能够帮助学生进行资源收集、处理、储存和交流。

现代教学发展和教学方法改革的方向和重要标志就是现代教学技术的普及应用。现代教学技术能够将直接感觉转化为形象感觉，将直觉思维转化为抽象思维，能够充分调动学生的学习积极性，帮助学生克服厌学心理。现代教学技术的应用对因材施教也有着积极的影响，计算机可以说是一位非常有耐心的教师，学生可以根据自己的水平选择相应的教学内容，进行难度适中的训练，也可以通过计算机检验自己的学习效果。学生可以根据自己的需要在计算机上选择合适的学习资料，计算机为学生自学能力、应用能力和创造能力的培养提供了便利的条件。多媒体综合教学技术的普及应用不仅改变了教学内容的传递方式，还增强了课堂与外界环境的联系。

三、如何选择课堂教学方法

课堂教学方法的选择首先需要让教师转变自己的教学理念，将教师的角色由原本的课堂主导者变为引导者，同时学生的角色也要随之发生改变，变为主动学习的参与者和探求者。我国的传统教学课堂以传授知识为主，为了让教学的改革循序渐进，可以适当地在课堂上借鉴一些外国优秀的课堂教学方法，如按照教学的内容融入一些学生讨论的环节、学生合作的环节等，也可以将教学内容按照项目推进的方式进行传授，或者安排一些类似专题辩论形式的课堂教学。另外，教师也可以选拔一些高年级的优秀学生担任低年级学生的助教，帮助教师进行一些基础性的工作，为学生答疑等。我国的高等教育改革得到了国家的大力支持，在资金等方面的投入也在逐渐增加，所以高校可以在教学成本支持的情况下适当减少大班课的安排量，增加小班课或者个性化指导课程，这样也会促进师生之间的沟通。

（一）以学生为本，突出学生学习的主体性

学生在教育活动中十分关键，属于主体地位，起到主体作用，因此也可以称

其为学生的主体性，其核心是学生的能动性、自主性和创造性。其中，学生的能动性是指学生在教学的过程中能够主动、积极地学习；学生的自主性是说学生在学习中可以有选择性和独立性，并且能够自觉学习；学生的创造性是指学生的独特性、批判性、自由性、生成性、超越性等各种学习的特点构建。

大学生经过高校的教学逐渐成长起来，拥有了独立性、自主性和探索性，并且这些特性也在不断增强。每个学生都是独立的个体，其智力、个性和所受到的后天影响都有差异，所以在教学上也应该根据学生的特点因材施教，将学生的个性和优势发挥出来。可以说，教学没有固定的模式和方法，要根据学生的情况及时调整，要尊重学生的个性特点，同时不能偏离教育的规律，要树立起以学生为本的观念，突出学生的主体性。因此，教师在教学中的主角地位应该被学生替代，让学生有自己的发挥空间，教师的主要任务就是要让学生自己学会学习，教授给学生知识是最基础的任务。因此，教师要不断探索新的教学方法，注重对认知策略的选择，让学生掌握适合自己的学习方法。教师要培养学生自主学习的习惯和能力，让学生有足够的机会和空间思考，学会自主学习。对于课堂教学方法的选择，教师要做好以下几方面的考虑：

1. 多选择能够引导学生归纳、总结的教学方法

学习中的归纳总结十分重要，教师要将一些常见的、有用的归纳方法传授给学生，如思维导图式总结、联想对比来区别异同、纵向归纳、横向归纳、全面归纳总结等，学生通过这些方法能够对所掌握的知识有更深入的了解，掌握起来也更加有条理、更便捷，教师也要引导学生自己创新出归纳总结的学习方法。

2. 多选择能够让学生自己动手寻找课堂重点的教学方法

在传统的课堂教学中，教师会讲给学生本堂课的重点是什么，学生只需要被动地听讲、记笔记、吸收就可以，但是这种教学模式并不适应现代的教学发展，同时这种教学方法本身也不利于学生能力的提高，所以必须要改革。教师在选择教学方式的时候，要选择那些可以让学生自己寻找课堂重点的方法，如可以在课堂上让学生参与练习，或者在课后让学生复述重点。

3. 多选择能够帮助学生发现新旧知识结合点的教学方法

教师的任务不只是传授给学生足够多的新知识，更要让学生从所学的知识中

得到启发，悟出人生的道理，找出学习的方法，如帮助学生构建单元知识树、绘制知识要点图、从旧知识引申出新知识等。

4.多选择能够启发学生思考的教学方法

教师讲课的目的是通过讲授的内容让学生在学习知识的同时形成自己的思考，自己从课堂上找到课程的答案。学生不能盲目信服课本上的知识，教师有义务引导学生探索真理。

（二）要根据课程特点灵活运用各种教学方法

高校当前常用的教学方法可以分为三大类：第一类，教师多采用语言的形式来传授知识和技能，典型的有讲授法、问答法、讨论法等；第二类是教师指导学生通过直观的感知来获取知识和技能，典型的有实验实习法、演示法、参观法等；第三类是学生自己获取知识和技能，教师只做引导，典型的方法有自学指导法、练习法等。

作为教师，要具有根据课程特点来选择不同教学方法的能力。因此，要求教师熟练掌握各种教学的方法和形式，根据教学情况随时转变，并且教师也要有探索钻研的精神，不断寻找新的教学方法，教学的方式方法要体现出学科和课程的特色，下面是一些建议：

1.简单的课程采取讲义公开法

讲义公开法要根据各个学科的内容来确定讲义的内容，并且在内容的选取上要选择重点和精华的部分。对于讲义公开法，要将其定义为课堂教学的辅助手段，不能作为主体教学使用。在上讲义课之前，教师要求学生一定要进行课前的预习，并且在知识点讲完之后要随机点名学生，考查学生的实际掌握情况。问题的答案往往不是只有标准答案，因此教师也要鼓励学生多寻找个性的答案，最好能结合实际来思考。

2.普通学科课程均可采用精神觅食法

精神觅食法，顾名思义就是要补充学生文化精神上的知识，教师一般会在新学期开始之前，根据学生的学习阶段情况提供一个详细的读书单，开学之后要求学生在学期进行的过程中按部就班地按照书单的顺序阅读，这样不仅可以扩大学生的阅读量，也能提高学生的独立学习能力和工作能力。

3. 文科课程采用激发想象法

一般来说，文科的学习特点要求学生能够让自己和社会共情，这更加突出了联想的作用，更加需要学生拥有充足的想象力，形成系统的文科学习思维。为了培养学生这种思维和能力，教师可以通过巧设疑问、运用多媒体引导、要求续写后传、出示相关物件等方式让学生产生无限的想象，在完成学习任务的同时，也能培养其创造性的能力。

4. 理工科课程采用逆向思维的教学法

理工科的课程学习和文科的侧重点不同，更加需要学生的逻辑性和系统性思维。逆向思维就是一个很好的培养学生理科思维能力的方法。教师给出一道问题和答案，并且假设这个问题已经解决了，学生要根据给出的答案逆向思考这个问题要设定什么样的条件和特点才能得到这一结果。如果学生分析的条件不正确，那么就要换一个思路和方法来继续思考。逆向思维方法让学生敢于怀疑，学会思考，让学生遇到问题会积极寻找更多的解决方法。

5. 法哲课程采用观点烹调法

灯不拨不亮，理不辩不明。作为十分注重结果道理的法哲专业课程，学生的思考和论证能力是最为关键的，观点烹调法正是将学生这种能力最大程度发挥的方法。观点烹调法指的是教师将选编好的案例或者观点在课前发给学生，学生利用课前的时间自己先熟悉材料，并且寻找相关参考资料了解，等到正式上课的时候教师不讲课，只做简单的情况介绍。学生是课堂的主体，课堂大部分时间由学生发言讨论，教师的任务是对学生的发言和讨论作考核评价。

（三）要注重培养学生的创造性思维

创造性思维的培养也就是人的知识、技能和策略各个方面的能力同时发展提高的结果。那么怎样培养学生的创造性呢？在高校的专业课程中，教师要注意学生的发散性思维的训练，同时也要将发散性思维和聚合性思维相结合。日常教学活动是最适合培养学生创造性思维的场合和手段。高等教育的教学目标就是培养出具有独立思考能力，并且掌握专业实用知识的人才，如果培养出来的学生只会人云亦云，缺乏自我思考的能力，那么就只能沦为背诵的机器。教师在教学中要注重对学生创造性思维的培养，这样才能培育出真正适合社会发展的人才。

1. 营造有利于创造性发挥的环境

教师要为学生创造性能力的培养创设一个适宜的环境，这个环境对那些标新立异的学生或者不符合常规的学生具有很高的容忍度，学生在这样的环境中才能感受到"心理安全"和"心理自由"。教师在教学的过程中要始终贯彻这样一个思想：尊重与众不同的疑问和观念，向学生证明他们的观念是有价值的。

2. 通过头脑风暴训练法来实现

在集体解决问题的课堂上，教师要鼓励学生对相关问题提出自己的意见和见解。教师针对学生的看法不能给出批评性意见，而是要鼓励学生产生更多的想法，让学生打破常规思维，追求与众不同，稍微偏离主题也没关系。头脑风暴法可以让学生的思维更加开放，逐步培养起学生的创造性。

（四）应推广个人魅力教学法

教师的个人魅力在教学中也会对教学的效果产生很大的影响，如果这位教师很受欢迎，那么学生也会十分喜欢上这位老师的课，学生就会带着极大的热情去学习；反之，如果这位教师不受学生待见，学生会把对这位老师的怨气带到课堂上，就没有热情去听课了，自然也就影响课堂的效果。因此，教师要重视对自己个人魅力的提高，努力成为一名受欢迎的老师，从而促进教学效果的提升。

1. 美的着装

在着装上，教师要注意掌握分寸，得体且美的着装有利于让学生认知美、追求美，学生在美的视觉享受下才能更好地去主动学习。

2. 好的第一印象

学生对教师的第一印象十分重要。学生对教师的第一印象好了才能喜爱老师，带着这份喜爱学生才有更大的热情学习这门课程。

3. 激情课堂语言

教师在课堂上的语言艺术对教学的效果也有很大的影响。在讲课的时候，教师的语言要尽量抑扬顿挫，不能平铺直叙没有感情。根据教学的目的，教师讲课的语速时而舒缓徐慢，时而高亢激昂，并且语句之间要有必要的停顿，营造一个或激情或舒缓的课堂氛围，抓住学生的注意力，提示学生思考学习。

4. 良好的肢体语言

当学生需要鼓励时可以拍拍学生的肩膀，并且给学生一个鼓励的微笑；当学生需要肯定奖励时，可以和学生击掌，让学生得到成就感；当学生回答问题声音比较小时可以将手放在自己耳边侧着头，提醒学生要提高音量；一个轻轻的拥抱能让学生感受到更大的鼓舞和安慰……教师的肢体语言能对学生产生多种影响，让学生受到鼓励，促进良好的课堂效果的形成。

5. 懂得幽默

学生正处在发现世界、理解世界和融入世界的成长过程中，因此幽默的课堂氛围对学生的学习成长更为友好。在课堂的授课过程中，教师为了吸引学生的注意力，激发学生的学习兴趣，可以根据授课的内容即兴穿插一些故事或者笑话。在课堂的不同授课阶段插入故事或者笑话，能达到不同的效果。在授课开始之前就用故事来引入授课的话题，授课的中间教师也可以采用插入一个笑话或者故事来让学生的注意力更加集中，然后回归课堂，在授课快要结束的时候，教师也可以引入一个故事作为结尾，带来悬念，引发学生的思考。为了增加自己的幽默感，教师可以在平时积累一些小故事、歇后语等素材，这样才能做到信手拈来。

6. 开课要有吸引力

开课的质量关系到整堂课的效果，如果开课有吸引力，那么就能吸引学生的注意力，更好地往下进行。课程的开头可以采用各种形式，如一个小故事、一个事件、一个问题、一个视听片段或者一个小实验等，这些开头的环节最好有一定的伏笔，也要有趣味性，学生能顺着教师的引导方向进行思考，将新旧知识联系起来。

7. 进行赏识教育

每个学生都有自己的闪光点，教师要善于挖掘学生的优点，并且不吝于自己的赞扬，学生经常得到肯定和赞扬才能建立起自信心。当然，教师对学生的表扬也不能过多，适宜进行。班级中的差生是教师优先表扬的对象，尤其是当这些差生得到进步就一定要给予表扬鼓励。当然表扬不能只落在个人身上，要多表扬好的行动和品行，这样才能起到引导作用。

8. 课堂结尾要有回味

课堂的结尾没有固定的形式，一般要按照课程的内容和学生的反映来选择不同的形式，这些结尾的方法选择既要对本堂课的教学有一个好的总结，还要激发起学生对下节课的渴求。

单一的教学方法不能贯串教学的始终，一个教学方法不能做到影响不同的教学内容和学生，每一种教学方法都有自己的适用范围和局限性，可能采用这种教学方法在其中一方面产生良好的效果，但是在另一方面就可能不利于其他教学目标的实现，所以，教师在选择教学方法时要善于扬长避短。比如说，发现法有利于开发学生的创造能力，但是具有费时费力的缺点；讲授法可以将知识点和概念很好地传授给学生，但是难以激发学生的主动性。教师在选择教学方法时要根据教学的内容和学生的情况，综合考虑好方法的优缺点，再进行选择，方法的使用都是综合运用的。

第三章 "互联网+"时代高校课堂的教学模式改革理论

第一节 "互联网+"时代高校翻转课堂改革理论分析

一、翻转课堂的界定

学术界目前并没有对翻转课堂的概念有一个标准的界定，相当一部分人对翻转课堂的认识只停留在对其实施过程的描述层次上，没有更加深入的内涵剖析可供其了解。翻转课堂的英文翻译是"Flipped Class Model"，有时候被称为"反转课堂式教学模式"，在这个概念中，"反转"是对传统课堂教学模式的反转。对于翻转课堂的概念，国内外的专家学者给出了不同的解释。

最早对翻转课堂的教学模式采取实践应用的是美国的几位化学教师，其中一个教师亚伦·萨姆斯认为，翻转课堂是将原本在课堂上讲授的环节和知识转移到课下，然后在节省下来的课堂时间里来满足学生的不同需求。英特尔全球教育总监布莱恩·冈萨雷斯认为，在翻转课堂中，学习者获得了更多的自由，知识的传授过程在课下进行，这样学习者可以选择自己喜欢并且适合自己的方式学习新的知识；同时，在课堂上进行的就是知识的内化过程，这样利用课堂的时间增加了学生和学生之间、学生和老师之间的沟通和交流。江苏省苏州市电化教育馆金陵认为，传统的课堂教学模式是"教师白天的时候在课堂上讲课，然后学生晚上放学后回家写作业"，翻转课堂将这种模式的结构翻转成"学生白天的时候在课堂上将提前学习的知识进行吸收和内化，晚上放学回家再学习新的知识"。翻转课堂就是课上吸收掌握知识，课下进行新知识的学习的新型课堂教学结构。清华大学的信息化技术中心钟晓流等认为，通过信息化的角度解释，翻转课堂其实就是以教师提供教学视频为主要的教学形式，学生在上课之前先将视频观看学习，然后再和教师、同学在课堂上进行答疑、协作探究和互动交流，而这一种说法更多的是对"信息化翻转课堂"的解释。

2011年7月，美国召开了翻转课堂大会，举办地点在科罗拉多州。在会议上，乔纳森·伯格曼和参与会议的老师对翻转课堂进行了定义。会议为翻转课堂作了好几种诠释：首先，翻转课堂是一种教学的手段，学生和老师通过翻转课堂可以获得更多的交流和互动的机会，拥有了更加个性化的接触时间；其次，翻转课堂也可以看成一种个性化的教学环境，学生在良好的个性化环境下得到的教育也更加个性化，这种环境下，学生的自主性更加重要，学生需要更强的自制力，提高自己的课堂积极性；再次，在翻转课堂上，学生是学习的主体，教师抛弃了传统课堂上"圣人"和"独裁者"的角色，成为学生学习的指导者；翻转课堂通过现代信息技术使得教学内容得到更好的保存，学生如果想要回过头来复习随时能够找到资料，这样也有利于缺席课程的学生及时补上进度；最后，翻转课堂是一种混合了直接讲解与建构主义学习的教学模式。翻转课堂教学模式就是作为一种教学手段而存在，这次会议还对教师在翻转课堂模式下的角色进行了明确。整体来看，这些解释和定义更加侧重于翻转课堂的作用，和普通意义上的定义还是有一定区别的。

还有一种说法认为，翻转课堂就是在课前学生利用教师提前运用信息化手段支撑的数字材料（如多媒体课件、音视频材料）进行自助式的学习。等到进入课堂的时候就和教师就课程内容进行探究，师生和生生之间开展讨论、解释和答疑，并且通过完成一定的练习巩固知识的一种教学形态。这种解释将信息技术和翻转课堂结合起来，但究其本质也并没有将真正的"翻转课堂"解释出来。这是因为，翻转课堂的课前材料并不一定是数字材料，纸质材料也包含在内，这种解释也就显得更加片面化了。

翻转课堂的英文名称是"Flipped Classroom"，翻译过来有很多种版本，如翻转教学、颠倒课堂、翻转学习、颠倒教室等。我们先来了解学生的学习过程包括哪些部分。一般我们将学生的学习过程分为两个阶段，第一个阶段是传递知识的过程，第二个阶段是吸收和消化知识的过程，也可以称为知识的内化。这两个阶段并没有严格的界限，不能完全割裂开来，一般来说，要先进行知识的传授和感知，然后再进行知识的内化和深层次理解。在以往的课堂授课中，教师进行课程的讲授就是在完成知识的传授过程，学生在课后进行知识的巩固和实践，完成教师留下的作业就是知识的内化了。

翻转课堂如果从字面上解释就是把课堂翻转过来。如果按照这一思路来考虑，把原来在课堂完成的知识传递过程改为在课前完成，把原来在课后完成的知识内化过程改为在课堂上完成，这种解释可以看成是最基本的定义了。其他方面附加的一些内容，比如"与信息技术结合""课前要提供哪些教学资料"等要求并不是翻转课堂的原始要求，是在实践的过程中逐渐演化出来的。

翻转课堂更加注重对学生自由的赋予，之所以将传授知识的过程放到了课下进行，就是为了让学生选择更适合自己的方式学习知识；知识的吸收和内化放在了课堂上，教师和学生以及学生和学生之间就有更多的机会进行交流沟通。

传统的教学模式中，信息的传递依靠教师课堂授课，而知识的内化依靠学生完成课下作业或者实践操作来巩固吸收。但是对于翻转课堂来说，学生获得了更多学习上的自由，在当下现代信息和多媒体技术十分成熟，学生可以利用网络和多媒体技术获取更多课本上没有的知识和信息，同时学生用教师发放的录制好的教学视频来进行课前预习，完成知识的讲授阶段，学生在这个过程中十分自由，可以根据自己的学习情况和学习习惯选择适合自己的方式。到了课堂之上，师生之间和生生之间有了机会尽情交流和探讨，这样的沟通和交流更加有利于碰撞出新的思想火花，获得意想不到的收获。

很多人对翻转课堂的理解停留在"课前传授＋课上内化"的形式上，但是这种理解却忽略了一个关键的地方：第一是在课前，也就是课外，学生要进行深入的学习，并不是简单地接受知识的传授；第二是在课堂上不仅仅是消化掉知识，还要经过讨论交流得出更加深层次的知识。课前的活动并不是让学生对课程进行简单的预习，是要学生通过观看教学视频对新学习的知识达到深层次的理解。如果要达到这种层次，教学视频的录制就不能单单停留在知识讲授的阶段，还应该达到让学生自学的效果。除此之外，在课堂上的讨论要引向更深的层次。另外，我们的翻转课堂和在线视频并不是一种概念，更加准确的概念应该是面对面互动学习。

二、翻转课堂的要素

（一）课堂教学的基本要素

关于课堂教学的基本要素，大部分人认为主要包括教师、学生、教学信息、教学媒体几方面，这种想法忽略了教学方式的重要性。教学过程的设计依靠教师，教学过程的指导更加依靠教师，因为教师既是设计者也是指导者；学生是学习活动的主人；教学信息反映教学的内容和要求；教学媒体是教学信息的载体，也是学生学习利用的工具。

而在教学过程中运用什么方式进行教学是课堂教学成功与否的一个重要因素。也有人认为课堂教学的三大要素是教什么——内容，怎么教——方法，教得怎么样——效果。但其实人肯定是其基本要素，因此教师和学生都是必不可少的。而教学效果则是教学完成后的事情，姑且可以不作为教学要素。但评价方式应该看成其要素之一，虽然评价不一定在课堂上完成，但对于引导学生课堂学习起到了指挥棒的作用。所以，教学的基本要素应该至少包括教师、学生、教学内容、技术应用、教学方式和评价方式六大要素。

1. 教师角色的转变

教师的角色通过翻转课堂模式发生了转变，原本是知识的讲授者和课堂的组织者，现在变成了学习的指导者和推动者。教师在课堂上不再充当中心角色，其主要的职责就是推动学生主动学习。在课堂上，当学生遇到难以解决的问题时，教师就要为学生提供帮助。因此，可以说教师是学生快速获取学习资源、利用学习资源和处理学习信息的促进者，并且教师也帮助学生将新学到的知识应用到各类真实的生活情境当中。这种教师职能和角色的转变也给其带来新的教学挑战。在翻转课堂中，学习过程的中心变成了学生要在参与实际的学习活动中将一个个出现的学习任务完成才能完成知识结构的构建，这一过程对教师课堂设计的能力要求比较严格，教师只有设计出适合的课堂学习活动才能完成这一目标。课堂的学习活动要求必须简单易行，并且还有利于学生将所学的知识吸收内化，最终才能达到促进学生成长和进步的目的。教师带领学生每完成一个章节或一个阶段的学习之后，对学生的学习效果、知识的掌握吸收和运用情况都需要及时检查，并且根据检查的结果对学生做出合理的评价，这样学生也才能客观获得自己真实的学习效果，明白自己处于一个什么样的水平，再进行下一步学习计划的调整。同时，教师通过对学生的评价和工作的反馈也可以了解自己工作的效果，帮助自己进行下一步课堂教学活动设计的改进。

2. **课堂时间的重新分配**

在翻转课堂教学中，主要是学生支配课堂的时间，因此学生能利用这种机会将课堂的活动安排成自己感兴趣和适合自己的形式，更加全身心地投入课堂中，剩下的一小部分时间是由教师来支配的，教师会根据学生的学习内化情况对其进行针对性的辅导，因此课堂上的授课时间减少，这也体现出翻转课堂的特征。翻转课堂的学习活动大多来自现实生活中，因此具有真实的学习情境，学生在这种情境中相互沟通交流协作，共同完成学习任务。传统的知识讲授是在课堂上进行，翻转课堂将其转移到课下进行，课时和知识量并没有被缩减，同时也让学生和学生之间、学生和老师之间增加了互动的时间和机会。学生通过知识的探究和协作讨论，更加容易深入了解知识。课堂上，教师还要进行形成性评价，这种形成性评价也促进了课堂的交互性，也帮助学生掌握、了解自己的学习情况。

翻转课堂的主角是学生，在课堂上的主要任务就是帮助学生学习深层次的知识。在课下，学生根据老师提供的学习资料提前完成知识的传递，这样就有更多的时间在课堂上完成教和学的任务。正确利用翻转课堂的关键，是教师能够合理组织课堂教学活动，让学生在课堂上能够获取最大化和高效化的学习。

3. **学生角色的转变**

现代教育越来越向着信息化的方向发展，新的教育学习方式：自主探究式学习得到了更多人的青睐。在个性化的网络学习中，学生可以根据自己的需求和感兴趣的方向选择适合自己的学习内容，也包括学习的时间和地点，自由度大大提升，这种学习是一种更加个性化、可以根据自己的节奏来学习的模式。虽然翻转课堂的教学也赋予了学生很高的自由度，但是这并不是完全放开手脚让学生独立学习。在网络化的协作性学习环境中，学生要积极与同学和教师交互讨论，将自己所学的知识进一步深化。

（二）有效课堂的要素

1. 有效课堂教学的基本要素

有效课堂教学的基本要素是：良好的课堂教学氛围，素质全面的教师，学生在教学中的良好状态，科学、合理的教学内容，恰当的教学模式、方法和手段。

兴趣是最好的老师。如果想要营造一个良好的课堂氛围，就必须让大部分学生对学习的内容感兴趣，只有学生对学习的内容感兴趣，才能促进良好课堂氛围的形成。学生对所学内容有了兴趣，才有精力和意向去探索和认识新的事物，是一种主观能动性的体现，因此要不遗余力地提高学生对课堂教学内容的兴趣。

教师对学生来说是一个引路人似的朋友，是心灵、智慧的双重引路人。有道是："亲其师，信其道；恶其师，疏其道。"教师要想把学生的积极性激发出来，就要有豁达的胸襟、幽默的性格、渊博的知识、机智灵活的头脑。素质全面不仅是指知识的全面，而且是指要具有先进的教学理念、精于教学设计、懂得学生心理并且善于利用其心理达到教学目标。幽默是一种魅力，循循善诱是教育的最高境界，教师的情商是教学成功的关键因素。

学生在教学中的状态取决于教师的魅力、教学内容和教学方法。在传统的课堂上，教师自己是表演者，学生是观众。如果观众不买账，表演者会逐步心灰意冷，难以形成良好的教学氛围。但至少，教师可以自己控制自己的表演。而在翻转课堂，教师由于变成了导演，学生变成了表演者，此时，导演导得再好，演员不肯演也是白搭，所以导演比演员更难当。演艺界很多人都是先当演员再当导演，经过做演员的丰富体验，再做导演似乎更有具体的生活感受。但并不是当了演员都能做导演，因此教师由表演者向导演的转变也是一个质变的飞跃过程，需要有一定的量变才能完成。比起演员，做导演需要多做两件事，一是能够将演员放在恰当的位置上，二是指导演员理解角色的意义，并调动演员的积极性演好角色。当教师成为导演，对其要求也就更高，能够让学生在教学中处于良好的状态，主动配合教师的设计更难，需要教师了解学生的心理，综合运用各种手段。人们说影视剧是一种遗憾的艺术，没有最好，只有更好，教学又何尝不是呢？

俗话说："巧妇难为无米之炊"，教师素质即使再全面，没有科学、合理的教学内容，也不能打动学生。而科学、合理的教学内容需要教师用心组织，以避免课堂教学的随意性。现代心理学研究认为，"疑问是思维的导火索"，巧妙设疑可以激起学生的求知欲。运用恰当的教学模式、方法和手段可以使教学内容更易于学生接受，拉近师生之间的距离。

2.使翻转课堂成为有效课堂的要素

翻转课堂要想高效，就要根据有效课堂的要素来执行。比如说，有一个良好的课堂氛围，教师的素质较高，学生也有一个良好的状态，教学内容的选择合理且科学，采用的教学模式和方法以及手段等也十分恰当。

传统课堂的教学氛围应该是教师讲、学生听，再理想一点就是学生在听的过程中能够与教师进行良好的互动。但学生听没听、是否真听了就不一定了，没有真听就不可能有互动，即使真听了，如果跟不上节奏也一样难以有互动，所以在传统课堂下，理想的教学氛围很难实现。而在翻转课堂中，如果教师有效地控制了学习的第一阶段，那么第二阶段中良好的课堂教学氛围则很容易实现。学生已经掌握了基本知识，等于是已经进入学习过程中了，在兴趣得到激发的基础上开展下一步学习，课堂的有效性会更强。

三、翻转课堂的特点

多年之前人们就已经开始利用视频来教学了，并不断地对其进行探索。比较典型的是 20 世纪 50 年代，很多国家都在广播电视上开展教育。虽然视频教学在很早之前就已经开始出现，但是在当时并没有在教育领域产生革命性的变革，而近几年的翻转课堂却带来了较大的发展和变革，受到更多人的关注，究其原因是因为翻转课堂有几个鲜明的特点：

（一）教学视频短小精悍

翻转课堂所开发出来的教学视频大部分的时间都在几分钟之内，比较长的视频也只有十几分钟。视频是根据学习的问题和项目来录制的，一个视频针对一个问题，因此针对性十分强，也便于学生查找吸收；如此短时长的视频比较符合学生的注意力特征，学生能在这个时间内集中精力学习；学习的视频具有暂停、回放等各种功能，提高了学生学习的掌控能力，学生能做到自主学习。

（二）教学信息清晰明确

这里我们要了解，翻转课堂的教学视频和传统的教学录像是不同的，传统的录像视频中，会将教师的影像也录进去，在什么样的环境中录制就会将什么样的环境内容都呈现在视频中，这些内容的出现很可能会分散学生的注意力。而在翻转课堂的教学视频中，很少能有一些学习之外的干扰因素的影响，所采用的是一对一讲解的方式，学生看视频就像在接受教师的一对一授课一样。

（三）重新建构学习流程

翻转课堂最为外显的标志就是教学流程的颠倒。一般的学习模式中，学习过程分为两个阶段：第一个阶段是信息的传递，教师通过课堂授课将知识传递给学生，学生在课堂上也会与教师和同学讨论交流；第二个阶段是吸收内化，在课后学生会通过写作业和巩固复习来吸收课上学习的知识，但是在这一阶段，学生大部分情况下都是独自完成的，很少有机会与同学、老师交流，难以得到他人的帮助，因此如果遇到自己无法解决的问题就很容易让学生感到挫败，渐渐地也就失去了学习的热情和动机。但是翻转课堂和这种传统的学习过程是不同的，传统的"信息传递"的过程被放到了课堂之前，学生通过教师提供的视频提前进行知识的掌握，同时教师也可以在线进行辅导；剩下的"吸收内化"就放到了课堂上进行，教师在课前了解了学生的学习难点后，会在课堂上一起解决，增强与学生的交流沟通，学生对知识的吸收也会更加深入。

（四）师生角色的重新定位

翻转课堂将教学流程进行了颠倒，再加上信息技术和教育产生了深度的融合，这些变化也让教师和学生的角色发生了改变。教师成为学习的设计者和推动者，学生成为学习的主体和中心。但是教师的作用并没有因此而弱化，仍然是影响课堂效果的关键角色，起重要的作用。

（五）对信息技术依赖程度的增强

学生在课外学习如果没有信息技术的支持，就难以得到教师的帮助，从而会影响学习效果。无论是教学课件还是教学视频，都需要信息技术的支持才能方便有效地传递给学生，而对于学生课前学习效果的检测，更需要信息技术的支持。这就对教师提出了更高的要求，要不断学习信息知识，提高操作能力。

（六）复习检测方便快捷

教学视频的设计十分科学合理，当学生将教学视频看完之后还要检测自己是否真正了解了学习内容，因此视频结束以后一般还会设置几个小问题，学生通过这些问题来对自己进行检测，这样就能对自己的真实学习情况做出一个简单的判断。如果检测的结果不太理想，说明掌握得不是很好，学生就可以再重新将视频看一遍，同时对学习内容进行反思。不管学生回答问题的情况如何，教师都可以通过后台的反馈情况了解掌握学生的学习情况。另外，学生利用视频教学平台可以对当前的学习内容进行复习和巩固。总之，学生的一些学习的状态和结果都可以通过平台反馈，让教师对学生进行全面的了解。

四、翻转课堂的教学条件

在我国高校的教学中，一般会将课程分为公共课和专业课。专业课的教学授课是在小班进行，人数较少且集中，公共课的教学一般是大班集体教学，很多都是同专业几个班或者跨专业授课。高校的课程有的侧重理论知识，有的侧重实践操作。我国已经提倡教学改革很多年了，但是很多高校的授课形式却仍然没有什么变化。高校的教学实际情况并没有受到信息化多少影响，更多的只是在形式上变成了多媒体教学，并且即使是多媒体教学也在实际的教学过程中被再次简化，变成了 PPT 文档演示。

翻转课堂的教学模式引入高校的教学中，其要求是让学生的角色发生转变，从原来的被动接受到主动探究学习，对于教师能逐渐转变为课前设计、课中引导、课后辅导的指导者角色，教学手段向信息化和网络化的方向发展。

（一）学生从被动接受到主动探究的根本性角色翻转

我国的基础教育在近几年的不懈努力改革之下，已经取得了不错的成果，但是真正的师生角色并没有发生改变，学生在大部分情况下仍然担任着被动的学习者的角色，学生从中学升到大学，之前的学习习惯和思维也不能立刻发生改变。在采用翻转课堂的过程中，首先要确保教师的课堂教学设计能促进学生的主动性学习，学生在课堂之前要先主动进行视频的学习，在课后要积极总结经验，将知识点深化。翻转课堂是一个建构深度知识的课堂，在这节课堂中，学生始终是中心和主要角色，它能唤起学生的求知欲和学习的兴趣，这样学生就会主动参与知识的探究，在学习上更加积极，最终达到良好的学习效果。但是，正如上面所说的，刚进入大学的学生已经习惯了"填鸭式"的教学，顺利适应翻转课堂的难度可想而知。

（二）教师从课堂主导到课前、课中、课后的综合翻转

翻转课堂的学习并不是无组织、散漫、随意的学习，这种学习是在尽可能保留学生学习自由度的情况下，在教师提前设计好的教学活动上的学习。传统教学中教师扮演单纯授课和答疑解惑的角色，经过翻转课堂之后会承担更多的关键作用。

首先，翻转课堂的第一个阶段就是将课前的教学视频和资料录制好并发布，视频的录制者就是教师，同时还负责其他教学资源的研发。要录制出一段成功的教学视频需要教师紧紧围绕课程的要求，加强视频的逻辑性，同时增强视频的趣味性，让学生能看下去，使其成为一段声像俱佳的视频。这其实给教师提出了不小的要求，课程中要融入自己的独到见解，将知识点形象生动地演绎出来，寓教于乐。

其次，在课堂上，要加强教师和学生交流互动，让师生之间和生生之间积极探讨解决问题，在这个过程中将知识消化吸收。这个过程明显和传统的教师"一言堂"的模式相悖，翻转课堂的学生是课堂的主体，要极大限度地开发学生的思

维，让课堂的效率提高。

最后，课后阶段更加强调教师的辅导作用发挥。当学生在课后遇到问题时，教师能为其答疑解惑，帮助指导学生解决困难。

课前视频是翻转课堂的教学基础，课中的讨论探究是学生内化知识的过程，课后辅导是帮助学生进行知识的深化巩固的过程。但是这些都是理想的教学目标。由于教师的教学和科研任务繁重，不具备充足的时间和精力来研发和实施翻转课堂的教学，因此很难达到翻转课堂的综合能力标准。

（三）教学手段从单一多媒体到真正信息化、网络化的立体翻转

翻转课堂的整个过程都将师生的互动反馈作为重点来关注，虽然师生的互动十分关键，但是要想做到这一点无疑给教师带来了极大的工作负担。翻转课堂十分依赖现代信息技术和多媒体技术，教师和学生的课前和课后沟通交流都在线上进行，因此在时间和空间上更加自由。但是要真正实现是有一定难度的，很难兼顾充足的硬件基础设施和高素养的教师资源。美国艾尔蒙湖小学提出实现翻转课堂教学的前提是"教师能很好地将 Moodle 平台应用到教学中，使得翻转教学活动能在学生间、师生间良好的进行"；加州河畔联合学区则主张利用 iPad 进行数字化互动教学。比如重庆聚奎中学专门为教学搭建了视频和学习管理平台，并且学校还为每一位学生发放了平板电脑；南京行知中学开展翻转课堂模式教学的基础是以全国最大的互联网教育平台沪江网作为技术支撑。这些信息化基础设施依赖于学校强大的资金支持，大部分高校还达不到这个程度。

翻转课堂教学的目的就是将学生的学习主体性发挥出来，也可以看成是一场授课方式的信息化革命。为了顺利开展翻转课堂的教学革命，其基础条件应该明确下来，同时也应该根据我国高校的现实情况来开展，将这些条件和要求确定下来才能有助于我国高校对翻转课堂的教学改革理性、有条不紊地进行，最终促进教育的信息化。教育部在 2012 年印发颁布了《教育信息化十年发展规划（2010—2020）》，其中指出要以教育信息化带动教育现代化，破解制约我国教育发展的难题，促进教育的创新与变革，这也是促进我国从教育大国到教育强国发展的重大战略决策；到 2020 年，我国要形成和国家教育现代化发展目标相适应

的教育信息化体系，基本建成人人可享有优质教育资源的信息化学习环境，基本形成学习型社会的信息化支撑服务体系。这一规划的颁布让翻转课堂的教学模式在全国推行实施有了依据，看到了实现的希望。

五、翻转课堂的实质

翻转课堂是一种新型的教学模式，这种教学模式是以教育信息化的环境为基础，将知识的传授和知识的内化顺序进行颠倒安排，师生的角色定位也发生了转换，同时也对课堂的时间重新进行了规划。

翻转课堂从根本上影响了学生的学习方式和环境，并且实施的基础就是现代教育技术和工具。如果从翻转课堂时间安排的角度来看，可能很多人认为，翻转课堂只是把教学的流程颠倒了一下，将传统教学中的授课部分挪到了课前进行，让学生自主学习教学内容；也有很多人认为翻转课堂的学习并没有将学生的学习主动性激发出来，学生通过看视频来学习，其本质还是被动的学习。

（一）翻转课堂实质的反向阐述

首先，我们不能将翻转课堂简单地当作"可汗学院"（由孟加拉裔美国人萨尔曼·可汗创立的一家教育性非营利组织，主旨在于利用网络影片进行免费授课），可汗学院只是一个提供视频学习的网站组织，能够提供海量的优质视频资源，教师可以借鉴这些视频资源辅助自己教学，学习者也可以通过它感受全球各地不同教师的不同教学风格。但是，翻转课堂并不是简单地搬运可汗学院上的教学视频，翻转课堂的教师所提供的教学视频是自己根据学生的学习情况和授课的要求以及内容为学生量身打造的。在翻转课堂上的教学视频里，还会随机穿插一些提问和小测试，并且还为学习者提供互相讨论交流的平台，这些都促进了学生学习效果的提高，师生的关系在这一教学模式下也更加融洽。

其次，翻转课堂并不能替代老师。翻转课堂的教学视频是老师设计和制作的，但同时学生在课前、课中和课后也需要老师的组织和指导，教学离不开老师的参与。还有一些不能按时完成学习任务或者基础比较差的学生，教师会重点关注，投入更多的精力促进其学习效果的提高。基于此，很多关于翻转课堂的研究文章中提到翻转课堂中教师的角色发生转变，但只是从掌控者变成了旁观者的说法是不正确的，这是一种伪翻转。翻转课堂中的教师其职责和任务更加关键，让教师从繁重的授课任务中解脱出来，有更多的时间和精力来为学生答疑解惑，成为学生学习的"引导者"，师生之间的互动就会更多，促进了师生的个性化学习和教学。

另外，翻转课堂不能简单地认为是在线视频。虽然翻转课堂会在课前给学生提供教学视频，学生利用在线视频学习掌握知识，在线视频也可以看成是翻转课堂的前提和条件，但是翻转课堂还有一个重要的特点就是更为灵活。将课堂授课传递知识的环节放到课前，课堂的时间空出来就是让教师开展更多样化的教学活动，提高学生的学习效率，比如说学生创建学习内容、独立解决问题、探究式活动、基于项目的学习等。翻转课堂具体到学习过程中每个角色的变化可以分为这几项：①教师方面，由传统的学习引路人和课堂维护者变为学习的指导者；②学生方面，学生的角色由知识接受者变为学习主动研究者；③教学形式方面，传统的形式为课上学习和课后练习结合，现在转变为课前学习和课堂练习相结合；④课堂内容方面，教师讲解转变成学生自主探究学习；⑤知识应用方面，由原来的教师展示应用转变成学生自主交流互动。

（二）翻转课堂实质的正向阐述

1. 翻转课堂翻转了教学空间

在翻转课堂的教学模式中，教室的功能发生了变化，在以前，教室主要是老师授课、学生听讲的地方，但是在翻转课堂的模式下，教室成为老师为学生答疑解惑、师生和生生讨论交流的场所。虽然看上去教学过程发生的主要场所还是在教室中，但是教学环节的完成却发生了根本的变化：在传统的模式下，原本由课堂上授课的环节被转移到了课前进行，教师会借助现代信息技术提前将本章节的知识点以视频的方式录制下来，提前发给学生供其在课前学习，学生依照视频完成学习任务并且进行测试；而原本在家完成的课后练习就提前到课堂上来完成。学生学习的空间除了学校的教室，还可以借助多媒体网络扩展到住所、图书馆等任何一个安静适合学习的地方。

2. 翻转课堂翻转了教学流程

在传统的教学中，教学的先后顺序是先课堂授课然后再完成作业和练习，但是翻转课堂的教学流程变成了先让学生学习提供的材料，然后在课堂上交流沟通，解决问题，最后是经过教师的辅导巩固加深。学生的学习和练习在前，教师的辅导在后，和老师先教、学生再练习的传统模式完全不同。其中我们也可以看到，翻转课堂其实是一种对教学主体的重新确立。

3. 翻转课堂翻转了教学主体

在传统的教学模式中，课堂教学的主角是老师，老师需要在课堂前将课程活动设计好，然后在课堂上讲授课程内容，在课后，教师也要给学生布置练习任务来巩固知识。但是到了翻转课堂的教学模式下，学生提前将课程的知识学习掌握，然后在课堂上和老师与同学一起探究学习问题，合作完成学习任务。在这个过程中，学生的主体作用被放大，学生需要自己发现问题和解决问题，然后再依靠老师对学习的内容深化，因此学生的参与度大大提高，主体性更加明显。传统教学中的"教师一言堂，学生被动听"会逐渐被时代淘汰，学生的主体地位会慢慢显现。

4. 翻转课堂翻转了教学形式

翻转课堂将传统课堂中课上和课下的环节进行了颠倒，传统教学形式中一般是在课堂上进行知识的传递，课下学生对知识巩固内化，翻转课堂中将知识的传递提前到了课前，课上负责进行知识的内化。

5. 翻转课堂翻转了教学关注点

翻转课堂能够顺利推行就是借助了信息技术的支持，信息技术的发展促进了翻转课堂教学模式的改革，也促进了整个学校教育模式的改革。在这场变革中，师生的关系、地位和作用发生了本质的转变，学生在翻转课堂之后真正成为教学的主体，整个教学的流程运行是学生先在课前学习教师制作的教学视频，然后在课堂上和同学与老师面对面交流，共同探究解决学习问题，将知识深入内化，这样的教学形式有利于将教学内容进行分解，降低了难度，也增加了学生内化的次数，建构了良好的学习体系，让学生都能够有机会掌握知识。所以，学校和教师的关注点由原来的关注教学内容，在翻转课堂中转变到了关注学生学习活动的全过程。

六、翻转课堂的心理依据

（一）一对一效应，使学生感到教师在教其一个人

在翻转课堂中，学生会感到其个性得到极大的尊重，从而感觉更加平等。学生可以暂停、倒推、重复、快进教学视频，显得更加人性化、个性化，知识传递时学生按其自己的节奏进行进阶式学习，并能及时反馈学习效果，知识内化时有教师的辅导、互动和交流。

不同的学生可能学习的时间不同，那些理解力强的学生可能看一遍教学视频就完全掌握了知识，可以避免课堂上那种教师为照顾其他同学的感受而放慢教学速度的情况，可以节省更多的时间；而对于一些在课堂上跟不上进度的学生来说，可以反复学习，避免出现那种前一个问题还没理解，教师已经进行下一环节的教学的情况。学生可选择最适合自己的节奏来学习，可以改变那种在课堂上不被关注的感觉。

（二）学习时间可以更灵活，感觉更享受

在翻转课堂上，学生可以足不出户，灵活掌握时间，学习更加省时省力。学生可自由选择上课时间及地点，甚至可以在任何时间和任何地点来学习，这样的学习让其感觉更加享受。但要保证教学环境的唯一性，不受干扰，专心学习。

（三）教学内容能得到永久存档，可用于复习和补课

当学生感到对某些知识点模糊的时候，在翻转课堂模式下就可以随时复习学过的知识。碎片化的知识点讲解形式也便于学生翻找，直达目标。

七、传统学习理论对翻转课堂的支撑

（一）元认知

元认知的提出者是美国的心理学家弗拉维尔，这一理论的主要内容是指对个

体的认知活动中知识、体验及行为进行调节和监控的过程，是人类对认知的自我认知。元认知对学习者来说指的是学习者对自己的学习活动采取的自我意识、评价和调控。元认知可以帮助学习者调节好自己的学习过程，长期下来可以让学习者养成自主学习的好习惯，并且有助于培养人们的创新思维，提高其自主学习的能力，让学习的效果更加优化。注意，这里所提到的元认知理论是学生管理自己学习时采用的各种策略。

翻转课堂中，学习者在课前的学习即传递知识的过程中具有很大的自主性，人们可以自己定下学习的节奏，也可以自己安排学习的时间，也会自己选择学习的地点场所，这些都是为了完成基础知识的学习。学生元认知在翻转课堂上的体现既包括如何有计划地完成自主学习，也包括学生怎样利用各种因素来使自己的学习更加高效，同时还包括学生怎样对自己的学习过程监控，甚至学习的评价方式的选择也属于元认知的范畴，另外，除了课前的基础知识的学习，课堂中也需要学生的元认知来促进知识的内化。由此总结，元认知是学生自我监控和巩固知识构建的过程，元认知能够促进学习者对掌握知识的评价，也能促进学习者更好地应用所学的知识。

（二）支架理论

支架在日常生活中最早的定义来源是建筑行业中提供支撑性的柱子，也称为脚手架。在教育领域，普利斯特里认为支架是为学习者的学习需求提供的帮助，这个学习支架的提供直到学习者能自主解决问题、学习的能力提高为止就会撤销。在教学中根据此形成一个支架式教学策略，这里的支架式教学策略是为学习者的知识意义建构提供概念框架。这一策略可以分为教学支架和学习支架两种。教学支架帮助教师顺利实施教学，学习支架帮助学生进行自我意义建构。支架虽然是一种静态的事物，但是在使用支架的过程中是动态的，单纯一个支架一般不能解决学习中的所有问题，所以需要很多不同意义的、不同形式的、不同难易程度的支架，在使用支架的过程中其频率也会慢慢减少，直到学习者完全具备解决问题的能力才会消失。

在翻转课堂的教学中，学习者得到的支架帮助来自多方面，首先是教师的学习指导帮助，其次还包括一些基础良好、学习能力强的同学的帮助。另外，学习支架的概念还来自教师精心设计的学习材料，包括图片、视频、案例、问题等，学习者在学习的过程中依据这些帮助就能尽快解决问题，这其实也是学生自主学习能力提高的过程，包括学习效率的提高、独立分析问题能力和独立解决问题能力的提升。

（三）最近发展区理论

最近发展区主要是指个体在独立分析问题、解决问题的实际水平和潜在水平的差距。实际发展水平是人们已经具备的、发展得比较成熟的、独立解决问题的能力。潜在发展水平是个体在现有能力的基础上还可以借助一定外力解决问题的机能水平。

在翻转课堂中，学生的实际发展水平包括的内容有课前学习的基本概念和针对性的练习，这些内容对学习者来说比较简单，只要通过正常的流程学习就可以掌握，剩下的学习活动，比如课堂的学习要更有难度一些，超出了学生的实际认识水平，所以学习者并不能轻松掌握，需要和他人协作完成，另外很多时候也离不开教师的指导，只有查阅参考相关的资料才能掌握，因此这部分内容属于潜在的发展水平。当所有的这些基础知识掌握之后，还要进一步巩固和升华，这样才能让知识和能力真正为学习者所有。

（四）建构主义

建构主义十分强调世界的客观性，认为应该由个人决定对世界意义的理解。建构主义认为，学习者学习的基础是已有的知识经验，然后将自己已经掌握的知识和经验和外界的事物联系起来，相互产生作用，然后才能构建成新的知识。因此，建构主义强调的是主动获取和构建知识，并不是被动地搬运知识。建构主义的教学中心是学生，要为学生提供自主学习的材料，以问题为核心，强调协作学习，学生尽量自主学习，自己完成学习任务。

翻转课堂的教学模式是对建构主义思想的完全体现。在课前环节，教师将知识的传授完全交给学生，学生自主决定学习的时间、节奏和地点等，教师只提供制作好的学习视频和资料，学生通过这些视频和资料，再加上自己在网上寻找的资料形成完整的学习素材，然后以问题为中心，根据自己已经掌握的学习内容进行新知识的学习；在课堂上，教师和学生开展学习活动，大家共同探讨遇到的学习问题，完成知识的巩固和内化。当然，在课堂这个阶段教师会为学生答疑解惑，提供个性化的帮助。经过课前和课堂上两个阶段，学生对新知识已经建立起基本的知识体系。

（五）自主学习理论

学习者进行自主学习就是在学习行为和学习内容上拥有很大的自由度，自己决定学习内容、决定学习的路径、学习的方式、监控学习过程并评价学习的结果。自主学习主要有三个方面的特性，包括自立性、自为性和自律性。这些特点也体现出学习者对学习是自己完全决定的，自己对自己的学习过程和结果负责。

在翻转课堂中，学习的所有环节都给予学习者很大的自主性，包括在课前的知识传递和课堂上的知识内化，学生拥有很大的权利和自由，自己选择学习的方法和策略，自己选择学习的路径，并且这些过程由学习者自己完成。学生掌握学习的绝对主导权，是学习的主人，这也完全体现出自主学习理论。

（六）协作学习理论

当前，协作学习理论得到世界各地学者的关注，从各个方面开展研究和实践，在定义上，协作学习虽然没有统一的标准，但是这些学者都提出了协作学习的内涵，也就是在一定教学目标的引导下，学习者采用小组合作互助的形式开展学习。协作学习的方法有利于促进学习者增强主动性，提高学生的集体意识。

翻转课堂中，学习者在自学的过程中难免会遇到一些自己无法解决的难题，这个时候就要借助他人的帮助，或者和同伴讨论，或者求助老师的指导来解决。当学生在课堂学习中遇到问题时，学生就可以采用动态协作小组的方式合作交流，共同探讨解决，一些难度很大的难题如果小组无法解决就可以求助老师。协作学习有利于强化学生的团队协作意识，也可以帮助学生提高解决问题和自主学习的能力。

（七）活动设计理论

活动设计理论的发源地是德国，来自古典哲学领域，起始于 20 世纪 20 年代，这一理论属于文化历史心理学的范畴。活动设计理论认为，活动和意识是动态联系的，要对思维和活动进行分析和设计就要采用二元论的方法来进行。活动设计理论的特点是可以形成不同种类的教学模式，并且尊重学生之间的个体差异，学习者在应用活动设计理论组成的教学模式和方法中可以培养自己的性格。翻转课堂中，课堂学习活动是学生知识内化的主要学习素材，而活动的设计可以让学生在活动中进行知识的内化。

（八）混合学习理论

网络学习模式开始陆续展开之后，教育领域出现了一个新的名词——混合学习。人们对网络学习的缺陷和优势以及实践过程中出现的问题进行了反思，然后就诞生了混合学习理论。混合学习理论将传统的面对面教学和在线学习整合起来，这样不仅可以降低成本，还能够提高效益。何克抗教授对混合学习的定义概括为：把传统学习方式的优势同网络化学习（E-Learning）的优势结合起来的教学方式。这一教学方式可以将教师的引导、启发和监控主导作用发挥出来，也能将学生的主体性发挥出来，促进学生学习的积极性和创造性。两种教学方式的结合可以做到优势互补，达到更好的学习效果。

在传统的教学模式中，我们一般采用的是面对面的学习方式，教师用黑板和粉笔在课堂上授课，讲授的教材也是统一的，因此学生的学习进度也都是统一的，学生通过课堂上的听讲以及做笔记在课下进行消化吸收。学生的学看似是学生自主完成的，但是其本质还是由老师的教促成的，教师往往会把课堂上的时间安排得满满的，几乎没有时间供学生自由发挥，长期下来，学生很容易对老师产生依赖，更不用说提高自己的自主学习能力了。学生的人数众多，教师没有时间和精力对每个学生因材施教，也不能及时掌握学生的学习情况，更不用说为学生采取个性化的辅导。课下学生自己复习和练习的时候遇到疑难问题也不能及时求助老师，无形中就降低了学习效率。

之后流行的在线学习虽然解决了传统面对面教学模式中不能实时交流、共享教学资源的缺陷，但是在线学习又有另一方面的缺陷，最重要的是没有真正的情感交流，学生和教师之间以及学生和学生之间也就缺乏了情感的羁绊，不利于学生树立群体性意识和集体主义观念，最终影响健康人格的塑造。可以看出，传统的面对面课堂教学和在线学习都有自己的优缺点，因此最好的方式是优势互补，共同应用。

混合学习正是解决上述两种教学方式缺陷的新型教学模式，它将两种教学方式的优势相结合，更加强调学生的主体性，同时也能突出教师的主导作用。混合教学将课堂教学和网络教学的学习环境融合起来，在信息技术的支持下，采用正确合适的教学和学习方式，让学生获取适合其自身的教学内容，最终获取良好的学习效益。教师可以利用两种方式来为学生提供学习的任务和资源，可以通过课堂知识讲解或者给学生辅导作业的方式促进学生的知识掌握；也可以通过线上的方式为学生提供学习资源，这种方式可以让学生更加自主地掌握学习，教师也能够随时掌握学生的学习情况，适当的时候给予学生个性化的辅导。混合学习让传统课堂和在线学习优势互补，更加有利于学生的成长，因此其可能是以后教学方式的一大发展方向。

混合学习的内容包含了多方面，包括学习理论、学习资源、环境和方式的混合。混合学习将教师的主导作用和学生的主体地位凸显出来，既有传统的课堂教学环境，又有网络的学习环境。学生在课堂之前会提前观看教学视频，同时观看的进度调控具有自主性，学生完成了知识的传递环节；到了正式的课堂上，学生可以根据自己在学习中遇到的问题和同学协作交流，或者让老师指导帮助，完成知识的内化环节。翻转课堂就是网络学习和传统课堂授课的结合，对两者优势互补，提升了学生的学习效果。

第二节 "互联网+"时代高校转动课堂改革理论分析

任何一个教育变革都不是独立产生的，而是顺应了时代的发展、社会的发展以及教育的发展等多方面的需要。"转动课堂"的概念是渤海大学率先提出的，是以学校的人才培养目标为基础，对国内外先进的课堂教学模式进行了科学合理的借鉴，进而创建出的一种以培养学生的独立思考能力、创造能力和实际动手能力为核心的新型课堂教育模式。这种教学模式改变了以往传统的课堂教学模式，不再以知识传授为核心，构建了全新的教学体系、教学活动以及教学过程。

一、转动课堂的提出背景

1999 年我国高等教育进行了扩大招生，自此之后，全国各类高等教育在学总规模不断扩大，到 2014 年达到了 3559 万人，同年我国高等教育毛入学率已经达到了 37.5%。但是，在高等教育在学总规模不断扩大的同时，我国高等教育也出现了教育质量降低的问题。在当今社会，随着经济的高速发展，我国对于具备创新能力与实际操作能力的人才有着更高的需求。国家需要高等教育培养更多的人才来建设我国社会主义事业，所以高校必须为国家培养出更多符合经济社会发展要求的人才，这也正是邓小平同志所提出的面向世界、面向未来、面向现代化的教育。

（一）经济社会发展对人才提出的新要求

随着经济社会的发展，科学技术也在不断地进步，并且在社会中得到了广泛的应用，所以社会对人才也有了新的要求。尤其是进入工业 4.0 发展阶段，我们社会的生产产生了巨大的变化，社会对人才的要求也随之改变。社会不再仅仅需要知识型人才，同时也需要更多技能型和实践型的人才，这就要求在经济社会发展的新阶段里，人才要具备各项综合性能力，如搜索能力、思考能力、创新能力、实践能力以及团队协助能力等。根据我国的现实情况，创新与创业已经进入国家战略层面，成为经济社会发展对人才提出的新要求之一。"大众创业、万众创新"可以为全面建成小康社会提供新的动力，促进社会的繁荣，而在创新创业的过程中，大学生是主体和主力，所以我们要格外重视对大学生的创新能力和创业能力的培养，并将其作为刻不容缓的使命。

（二）高校教育在人才培养中存在的问题

高校教育的最终目的是为经济社会发展不断培养各方面的人才。但是，根据我国高校目前对人才的培养情况来看，其中存在着一定的问题。

首先，我国高校教育仍然保留的是先前的精英教育模式，所培养的人才基本上都是知识型人才，而非创新实践型人才，他们将理论掌握得很好，但是进入实践会存在一定的问题，所以也很难具备创新意识和创新能力。

其次，大多数高校课堂仍然采取的是以教师讲授为主的教学模式，课堂上进行的大多也是"填鸭式"的知识灌输。在教学课堂上，教师的任务主要是将课堂的内容滔滔不绝地讲解给学生，而学生的任务主要是对教师讲授的内容进行理解和记录，整节课的过程中基本上不会给学生留下独立思考和实践的时间。

此外，在高校课堂上，作为教学的主体，教师可以完全掌握自己教授的内容、方式以及时间，导致学生成为课堂的客体，进行的是被动式学习。无论学生是否喜欢教师讲解的内容，以及这些内容是否会对学生的未来发展有利，只要是教师课堂上讲解的内容，学生都被要求认真聆听和进行记录。考试也是对教师在课堂上所讲授内容的机械重复，只要学生对这些内容进行背诵，就能在考试中取得较好的成绩。至于这些知识有什么作用以及能够在实际生活中怎样运用等问题，并非大学课堂所注重的内容，也不会对其进行考核。

通过对我国大学目前培养人才方式的分析，我们可以发现，如果想培养出具备思考能力、创新能力以及实践能力的人才，我们首先要做的就是对教师的授课方式以及学生的学习方式进行全面、系统的改革。

有了以上认识之后，为了能够培养出具备思考能力、创新能力以及实践能力的学生，渤海大学提出了"转动课堂"的教学模式。

二、转动课堂教学的内容

作为一种全新的教学模式，"转动课堂"的核心是"转"和"动"，它不仅设立了新的教学理念和教学方法，同时也提出了新的教学目标以及教学要求。此外，"转动课堂"不仅包括课堂教学内容，同时也涵盖了课外教学内容。

（一）"转动课堂"的"转"

"转动课堂"的第一个核心问题是"转"，主要指的是对课堂教学理念以及教学方法的转换，其含义具体可以分为三层：第一，"转"为转型。课堂教学要转变其教学模式，将课堂的中心从知识传授转为培养学生的思考能力、创新能力以及实践能力，同时将人才的培养目标由传统的知识型人才转为适用型人才。第二，"转"为转法。将课堂的传统灌输式教学方法进行转变，使之变为启发式、探究式、讨论式的教学方法。第三，"转"为转体。将课堂的主体进行转变，使学生成为课堂的主体，使教师根据学生的实际学习需求来决定课堂的教学内容。

（二）"转动课堂"的"动"

"转动课堂"的第二个核心的问题是"动"，指的是课堂教学要满足的要求以及为课堂教学设定的目标，其含义具体可以分为两层：第一，"动"为互动，指的是教学过程中的师生互动和生生互动。通过互动，学生可以与其他学生以及教师进行交流，使学生能够更好地对知识进行消化和理解，明白在实际中如何运用知识。第二，"动"为动手、动脑。教师要在教学过程中对学生进行引导，使其既能养成动脑思考的习惯，又具备动手实践的能力。学生在思考和实践的过程中，能够理解知识的实际运用方法，从而具备更好的专业素质，成为教学目标所要培养的适用型人才。

因此，"转动课堂"就是指从"转"和"动"两方面入手，将其贯彻于教学的过程当中，实现两者的有机结合。

（三）"转动课堂"的"课堂"

首先，"转动课堂"的"课堂"的学时要按照比例进行划分和规划。我们可以将课堂总的计划学时按照6：4的比例进行划分，将其分为课内课堂和课外课堂两个部分。第一部分为课内课堂，是指占据总课时计划六成的部分，该部分用于进行课堂上的教学活动，也可以说是第一课堂的课内课堂；第二部分为课外课堂，是指占据总课时计划四成的部分，该部分用于训练学生的个性化学习以及各方面的综合能力，也可以说是第一课堂的课外课堂。

其次，第一课堂的教学实践要根据知识的内容、用途以及运用方法等教学任务进行分割，可以按照 6∶4 的比例将其进行进一步的细分，其中六成的课堂时间由教师对知识进行精细讲解，四成的课堂时间用来进行师生之间、生生之间的互动，让学生对知识进行实践练习，了解知识如何运用以及运用的方法。

（四）课外课堂与第二课堂的区别

课外课堂是随着转动课堂的实施而产生的一种新型课堂教学模式，虽然它与第二课堂在形式上有一些相近，但是两者之间有着明显的不同之处和严格的区分方法。

1. 两者的内涵不同

课外课堂与转动课堂之间存在着互相联系的关系。课外课堂是课堂教学计划中的组成部分之一，是学生用于进行个性化学习的环节；而第二课堂则是指能够满足学生兴趣与爱好的所有第一课堂之外的课堂。

2. 两者的地位不同

课外课堂与课内课堂共同组成了第一课堂的教学内容，在地位上与课内课堂相并列，是对课内课堂内容进行的拓展以及延伸，并且可以继续进行课内课堂活动，使教学活动完整开展，与课内课堂一起实现第一课堂的教学要求。

无论是核心课程还是非核心课程，它们都会在课内课堂之外设置课外课堂，课外课堂的时间一般为该课程总学时的 40%。课外课堂的教学时间比较固定，属于课堂教学计划学时的一部分，要求教师和学生都要保持认真的态度参与其中，共同完成在授课学时内所要求的教学任务。不过，课外课堂的授课形式以及课时的计算方法更加灵活和多样化，不必按照课堂授课的形式来进行。

第二课堂是与第一课堂相互独立的课堂，与第一课堂是一种相对应的关系。第二课堂的一些教学活动有时会与第一课堂存在一定的相关性，但其出发点则是更偏向于培养和发展学生的兴趣、爱好和特长。此外，第二课堂的教学时间并不包括在教学计划的总学时之内，同时也不存在严格的课时要求。因此，第二课堂并不像课外课堂那样是固定的，而是一种开放的状态，教师可以根据学生的课余时间来为学生开设第二课堂。对于教师和学生而言，第二课堂并不存在硬性的教学要求，秉承的是自主自愿的原则，其教学形式也更加自由，是完全由学生和教师自主进行设定的。

3. 两者的性质和任务不同

第一课堂的课外课堂的设立是按照一定的课堂依据进行的，其主要目的是完成该课程的教学要求和教学任务，此外有时还会涉及一些其他的知识，但是教学任务是其必须完成的主要工作。所以可以说，课外课堂的内容是围绕一门课程开展的，其针对的目标是课程中所涵盖的知识和相关的技能，其主要目的是满足学生学习和课堂教学的需要，主要任务是通过让学生对该课程的新知识进行预习以及教师对旧知识的解答和巩固，让学生运用写作业、做习题、课堂讨论等方法来掌握新学习的知识，并能够运用所学的新知识来解决问题，进而锻炼学生的思考能力、创新能力和实践能力。

而第二课堂的设立则是为了发展学生的兴趣、爱好和特长，并不需要完成具体的课程任务。虽然第二课堂的内容有时候会与某课程的知识有一定的相关性，但是它并非面向具体的课程，而是面向人生的所有方面，如培养学生的兴趣爱好、拓展学生的眼界、丰富学生的阅历和知识面等，使学生能够全面发展。第二课堂的主要任务是让学生通过教师的指导来对自己的人生和未来职业进行规划，通过开展多种形式丰富的活动，如社会实践、社团活动、开展座谈会、建立兴趣小组等，以此让学生进行创作和实践，从而培养学生的实践能力、搜索能力、创新能力以及适应能力，做到全方面综合发展。

4. 参与的主体不同

课外课堂和第二课堂的参与主体都是教师和学生，但其群体却存在着不同之处。第一课堂课外课堂的参与主体是正在学习这门课程的学生，基本上是固定不变的，这一点与授课班是基本一致的，所有学习该课程的学生都需要参与其中，而该课堂的教师也是在教学班中进行课程讲授的任课教师。

而第二课堂的参与主体不再是固定不变的，可以是学校的任何一位学生，也可以是学校中的任何一位教师。学生可能来自不同的专业和年级，他们出于各种原因而参与到第二课堂的过程中，如共同的兴趣、临时产生的好奇等。第二课堂基本上对学生没有硬性的要求，也没有严格的约束机制，其组织方式较为松散，学生是否参与全由自身的兴趣和爱好决定，不过也存在一些要求较为严格、约束机制较强的第二课堂。

5. 对老师和学生的要求不同

课外课堂对教师和学生都提出了非常明确的要求：授课教师必须参与到课外课堂的有关活动，对学生提出的疑问或者出现的问题进行认真辅导和解答；教师要对学生的学习加以指导，给学生布置作业和思考题，对其作业完成情况进行定期检查、认真批改，并通过多种方式来对学生的学习情况进行检查和考核。学生也必须参与到课外课堂活动当中，听从教师的指导，对老师布置的作业和思考题进行思考并认真完成，并将其中存在疑问的地方及时反馈给教师，寻求教师的帮助。对于课外课堂的教师来说，如果没有进行课外课堂教学活动就等于教学任务没有全面完成，工作量不达标；对于课外课堂的学生而言，如果没有参与课外课堂活动就等于没有完成此项课程的学习任务，无法获得对应的成绩。

第二课堂对学生没有确切的要求，只提出了总的需求。从学校的角度来看，学校并没有为第二课堂制定明确的学习任务和教学指标，对于是否参与也没有硬性的规定，教师和学生是否参与其中全凭自己的兴趣。第二课堂所学习的内容、涉及的知识以及讨论的主题都不是固定不变的；同时课堂的教师也不是固定不变的，这一次的教师不一定下次还继续进行讲授，当教师有时间、愿意参与就可以主持第二课堂的教学内容；课堂的学生也不是固定不变的，只要学生对该门课程具有兴趣，认为其能使自己的爱好和特长得到发展就可以参与到该课堂当中，如果学生对该课程没有兴趣也没有空闲的时间，那么就可以不参与该课堂。

6. 评价机制不同

课外课堂对学生有着明确的考核机制，且考核的结果会直接影响到期末考试的成绩，因为课外课堂是第一课堂的一部分，所以其考核成绩也是该课程期末成绩的一部分，并且在期末成绩中占据的地位非常重要。因此，学生如果没有参与该课堂就无法获得对应的课堂成绩，或者学生在该课堂上没有认真的态度而导致学习成绩不合格等情况，其期末成绩也会无法取得较好的分数，这就要求学生必须参与课外课堂的活动，保持积极的学习态度，认真完成该课程教师布置的作业。

而第二课堂对学生没有严密的考核机制以及硬性的学习要求，对于学生而言，拥有兴趣和爱好就可以参与，如果兴趣和爱好改变了就可以不再参与，再选择自己感兴趣的课程进行学习即可。因为第二课堂不存在严格的评价考核机制，所以学生可以在第二课堂中学习到学会为止，也可以在丧失兴趣之后选择放弃。

综上所述，第一课堂课外课堂和第二课堂存在着明显的不同之处，两者是两种不同的课堂模式，有着不同的要求和目标，我们在实践过程中不能将其混淆。

三、实施转动课堂教学模式的理念

后工业化的云计算时代，是一个开放、网状的大社会，社会的各个组员只有通过合作、协商、双向互动等方法，才能满足组员整体的基本诉求，由此产生了多中心治理理论。多中心治理理论的核心是主体多元化、结构网络化、过程互动化和方式协调化，基本思想是在同一目标下，各个组员责任的共同承担。多中心治理理论对人才培养的基本启迪是人才培养的各成员——学生、教师、学校等均需参与到教学过程之中，应以学生成长为共同目标，围绕学生成长即以学生为中心来实施教育。杨延东教授提出的"转动课堂"教学模式是对这一理论的最好诠释与应用。

转动课堂是围绕着"转"和"动"两个核心进行的。其中"转"有着三个层次的含义：第一是转型，也就是将传统的以传授知识为主的课堂教学模式转变为以锻炼学生的思考能力、创新能力以及实践能力为中心的课堂教学模式；第二是转法，也就是将课堂的传统灌输式教学方法进行转变，使之变为启发式、探究式、讨论式教学方法；第三是转体，也就是将课堂的主体进行转变，使学生成为课堂的主体，教师根据学生的实际学习需求来决定课堂的教学内容。而"动"有着三层内涵，第一是互动，也就是指教师和学生之间以及学生和学生之间的互动；第二是动脑，也就是指教师在教学过程中引导学生进行动脑思考；第三是动手，也就是教师在课堂上安排和布置与本节课所讲知识相关的训练和活动，让学生动手实践。

从转动课堂的上述内涵中我们可以发现，转动课堂更改了传统课堂教学模式的教学目标，用对学生自主学习的支持来替代以往对知识的简单传授，对学生的自然逻辑进行了充分挖掘，使学生能够得到全方位的发展。

（一）教学改革势在必行

1. 教育不是把一只水桶注满，而是点燃一堆火焰

传统的教学模式与方法是大工业生产流水线结构在教学过程中的自然延伸，是认知主义心理学在教学中的体现。认知主义心理学强调教学过程中重复性刺激的作用，因而建立了"阶段教学法"。"阶段教学法"由德国教育家赫尔巴特最先提出，作为心理学家，他把学生课堂学习过程认定是一个完整的结构，创立了"四段教学法"，其弟子席勒加以完善提出了"五步教学法"。俄国教育家凯洛夫将其改造，进行了归纳和总结，提出教学过程应包括五步，即组织教学、检查复习、新课讲授、巩固练习、布置作业。从此以后，"五步教学法"开始对全世界的课堂教学发挥了影响作用，后来成为一些国家中各类学校普遍采用的教学方法，如苏联和中国。"五步教学法"的典型特征是坚持三个中心，即以知识为中心、以课堂为中心、以教师的讲授为中心。事实上是一个中心，即以教师为中心。

任何一种事物或做法的形成都有前提条件，"五步教学法"作为一种高效的教学方法被广泛使用，至少有三个前提条件：一是信息传播途径较少，相对闭塞，拥有知识的人令人敬仰；二是学生有强烈的求知欲，学生对于得到知识有满足感和成就感；三是受教育者是精英群体的一员或具有成为精英应有的品质，有坚韧的毅力，有勇气与决心。然而，在信息技术高度发达的当下，"五步教学法"有效的前提已不复存在。大数据的出现，知识信息多如牛毛，而且信息来源通道发达，人们随时随地都可以获取。获取知识的方法和渠道增多，不再仅仅通过教师一条路，以教师为中心的传统教学模式显然不再适用。同时，学生也不再是产品，教学不是流水线作业，教学更不是按照教师的预设去"完成任务"。只教学生学会书本知识，想当然地认为学生"学会了"知识，不培养学生的学习能力和创新精神，也没有将学生视作课堂学习的主体，这些与现实的情况并不相符。应当重新审视教师的责任，"教育不是把一只水桶注满，而是点燃一堆火焰"。

2. 高等教育应与社会需求接轨

推动学校发展的根本力量是社会需求，也就是市场选择。20世纪90年代后期，欧盟委员会提出了"可雇佣性"的人才标准，意味着人力资源市场已由卖方市场转向买方市场，高校必须参照市场标准调整人才培养活动，按照市场标准建立新的教学模式与体系。然而，传统的办学模式使高等学校在人才培养上具有滞后性，学校与生产之间的天然距离，使高校在教学内容与需求现实存在着较大的偏差，市场需求冲击着"高校是象牙塔"的理念。

应该说，关于人才规格与市场需求接轨的问题，已得到普遍的重视，各高校在课程体系与教学内容改革上也做出了非常多的努力。以渤海大学为例，学校提出的特色战略、强化主修能力培养等做法，就是针对此而采取的措施。这些改革措施无疑是正确的，但并不全面，因为我们更多强调的是知识和技能的对接，而忽略了另外一项用人单位更看重的问题，那就是职业素养。在教学过程中强化协作、沟通，关注学生发现问题、解决问题能力的培养，应该是教学改革的主题。

3. 做人第一，修业第二

大学的根本是育人。"大学之道，在明明德，在亲民，在止于至善"。让学生通过大学的培养，学会做人，学会做事，是教育的根本任务之一。如何做人、会不会做人的问题，通常的表现是对自我的控制。而自我控制力人们通常又将其归为修养。如果只单纯地关注知识传输，忽视了对如何做人的训练，那么我们的教育就脱离了应有的本质。教师应在教学过程中为学生做人提供实践的机会，通过教学，让学生学会沟通、学会交流、学会表达、学会尊重他人、学会与人相处的方法。

4. 建设国家特色一流大学

美国约翰森基金会曾发表过两份文件，提出了大学本科教育应遵循的七条准则：①促进教师和学生之间的交流；②支持学生之间彼此合作；③大力开展灵活的学习方式；④能及时提供准确的反馈；⑤在完成任务的过程中加强时间观念；⑥能互相给予彼此更高的期望；⑦尊重不同人才以及不同的学习方式。要想建设世界一流大学，必须按照以上准则开展教学活动。

（二）转动课堂是以学生为中心的

1. 学习的自组织性

长期以来，我国教育工作者花费了大量的时间和精力来将教师或者书本所蕴含的思维逻辑和知识拷贝到学生的头脑中。事实证明，他们的这些努力存在一定的效果，他们通过开展这种标准化、规模化的教育方式能够在一定程度上保证教育的基本水准，但是我们必须发现的事实是，每个时代中具有大智慧的人都并非是通过这种方式培养出来的，所以人们才常常感慨"大师无师"。随着当代人们对于信息学和行为学越来越深入的研究，人们慢慢开始意识到教育最高境界的真正内涵，那就是对学生自身蕴含的力量和天分的挖掘。新媒体教育联盟通过对先前的历史资料进行研究，对人类的学习行为进行了划分，将其分为社会学习、可视化学习、移动（位置）学习、游戏学习、讲习学习等几类，其中每一种学习方式都对应着相关的承载信息与知识的技术方式。随着优质教育资源数字化，知识传播变得更加容易，大学所承载的高深知识已难为少数学术组织所垄断，大学的有形组织边界正逐渐趋于模糊。由此得到的结论即是，受教育者学习的自组织性必须得到重视，从某种意义上说，更应该得到强化。转动课堂教学模式对传统教学模式的变革之一，即充分考虑学生学习的自组织性，将课程的课堂学时压缩为计划学时的60%，为学生自主学习提供了广阔的时间与空间，在教育实践中无疑站在了理论的潮头。

2. 高效课堂

教学需要一种模式，但必须清楚，模式不是模式化。课堂强调模式其实是让课堂更接近于学生认识和学习的规律，强调自主、合作、探究。如何使课堂教学模式更加高效，学者和广大教师进行了较多的研究，在转动课堂之前，比较成型的体系有"对分课堂"和"翻转课堂"两种。

"对分课堂"又称PAD课堂，是由复旦大学心理学教师张学新提出的课堂模式。"对分课堂"的核心理念是将课堂的时间进行对半划分，一半分配给教师用来进行课堂讲授，另一半分配给学生，使他们通过讨论的方式进行交互式学习。"对分课堂"将教学实践具体分为讲授（Presentation）、内化吸收（Assimilation）

和讨论（Discussion）三个教学过程。在实施"对分课堂"的过程中，最关键之处在于要在时间上将教师的讲授时间与学生的交互式学习进行分隔，使其间隔一周进行，其目的是让学生能够在这两个过程之间将所学到的内容按照自己的学习节奏进行个性化的内化吸收。

"翻转课堂"是指教师给学生布置学习任务，让学生根据学习任务进行自主学习，而教师在课堂上不再进行课程内容的讲授，而是组织学生进行讨论。一般情况下，学生的学习可以具体分为两个阶段：第一，信息传递阶段，这个阶段是通过学生在课前进行自学来完成的；第二，吸收内化阶段，这个阶段是在课堂上进行的，教师和学生之间、学生和学生之间进行互动交流。

以上这两种教学模式有着相同的优点，那就是通过课堂互动的方式来实现学生对知识的内化吸收，这两种教学模式非常高效，但同时也存在着一定的问题。"翻转课堂"最明显的问题是，学生在信息传递阶段会受到学习进度的要求和限制，同时缺乏教师的指导以及与同伴的交流，所以常常在面临一些问题时产生受挫的心态，随之丧失学习的热情和积极性。"对分课堂"最明显的问题是，其在本质上仍未脱离传统的教学模式，只是在传统教学模式的基础上增加了一节讨论会而已。

转动课堂教学模式能够较好地实现"信息传递"和"内化吸收"并重的理想教学状态。转动课堂秉持教育学、心理学的基本原理，建立了以精讲、互动、训练为主体的课堂教学基本框架。通过对学生自主学习过程的监控，明确课堂教学的针对性，精心设置课堂教学内容，并在课堂上给予精讲，保障了教学进程的有序推进和知识体系的准确表达，实现了信息的完美传递。通过师生互动、让学生动手练习等方式，培养学生发现问题、解决问题的能力；通过学生完成作业、考查项目执行情况等，分析和把握学生的学习效果，并依此制订后续教学策略，较好地解决了知识的内化吸收问题。

3. 以能力提升为导向的学业评价

与传统教学模式显著不同的是，转动课堂教学模式对学生的学习效果评价给予了全新的界定。转动课堂的学业评价坚持从社会需求出发，提倡从人才培养的共性问题和有利于形成培养特色着眼，以能力提升为核心，建立一种与时俱进的动态评价标准指标体系，生成一种合理的激励与约束机制。

渤海大学已经开始的转动课堂教学模式改革，从社会经济发展对人才的要求出发，强调发挥学业评价标准的导向性，借此来增强学生各方面的能力，如自控能力、学习能力、创新能力、思考能力、团队协助能力等。在考核体系中，适当减少记忆性考核的比重，增大学习过程评价所占的比重，建立了一种主要对能力进行考核的学业评价机制，使学习人才评价体系对于推动人才发展的阶段性效能得以充分发挥。

第三节 "互联网+"时代高校慕课混合式教学课堂改革理论分析

一、慕课（MOOC）大潮来袭

MOOC（Massive Open Online Courses）是"大规模在线开放课程"的英文缩写，又称"慕课"，下文均用MOOC来进行指代。2012年，三大慕课平台——Coursera、Udacity和ed×相继成立了，这些平台集结了全世界优质大学的教学资源，如哈佛大学、斯坦福大学、麻省理工学院、哥伦比亚大学等，为该平台的学习者免费提供各种优质的学习资源和课程内容。以Coursera这个平台为例，截至2015年，该平台已经设置了多达1781门教学课程，拥有了多达138个合作伙伴以及来自28个国家1744万的学习者。2015年12月，我国有六所高校加入了该平台，分别为中国科学技术大学、上海交通大学、复旦大学、北京大学、西安交通大学、南京大学。此外，在2013年5月，清华大学正式加入ed×的慕课平台，同年10月，清华大学开设了"学堂在线"MOOC平台，并且在此后的一年内，为平台的学习者免费提供了全球35所高校的177门课程。到了2017年1月，清华大学"学堂在线"MOOC平台的注册人数已经突破了900万。在2014年5月，网易云课堂与爱课程网进行了合作，共同推出了"中国大学MOOC"平台，并且在该项目上线后的短短两个月内该平台上的选课人数就已经过万。在2012年4月，上海成立了上海高校共享中心。在2013年4月，我国成立了中国东西部高校课程共享联盟，该联盟通过运用 MOOC 理念，将该联盟中的高校教学质量进行了有效的提高，与此同时，该联盟还采取了较低的成本，对国内高等教育优质资源进行了均衡，如今该联盟已经有 93 所高校加入，联盟内的各个高校通过选课的方式互认学分。其课程依据的是 MOOC 理念，采取的是混合式教学模式，有机地结合了面对面课堂教学与网络课堂教学的优势，从而使教学效果达到最佳。

MOOC 是教育观念的新突破，给开放教育提供了新的思路。MOOC 的课程设计虽与传统的课程差别不大，但是 MOOC 现在大部分高校并没有纳入学分制度，主要是以慕课认证的形式运作，为了得到相关认证，MOOC 也会对学习效果进行评估，并通过证书的形式体现出来。MOOC 的基本特征包括：第一，大规模开放的课程。M 代表 Massive，是大规模的意思，表示参与教师和学生的规模比较大，参与的高校众多，网络课程比较多等；第一个 O 是 Open，代表开放的意思，表示课程都是全面开放；第二个 O 是 Online，代表在线，意思是只要具备上线的条件就可以随时随地、自定步调地进行学习；C 代表 Courses，译为课程。第二，内容精炼。MOOC 视频制作以短小精悍为主，一节课一般为 10～15 分钟，方便学生合理利用生活中的碎片化时间，让他们通过这些碎片化的时间进行学习，以此来满足自己业余学习的需求。第三，受众的广泛性和公平性。MOOC 是大规模开放在线的课程，受众来自世界各地，MOOC 没有设置门槛，不同背景层次的人都可以进行学习，对于每一个人都是公平的。第四，学习的个性化。在 MOOC 的学习中，学生可以自定步调进行学习，一切以学生为主，学生可以选择对掌握的知识点进行略看，也可以对不熟的知识点进行回放，而 MOOC 的短小视频，正好满足了学生学习的个性化需求，让学生自己掌握课程的节奏。

MOOC 的特征体现了如下意义和价值：

（1）"多"，即慕课平台注册人数之多，且在慕课平台注册的学习者不受专业、学校、国界、年龄的限制，可以跨专业、跨学校、跨国界、跨年龄。

（2）"省"，即慕课平台没有设置任何门槛，使各类学习者都能在平台上进行学习，这主要是指慕课平台开放的学习空间和学习资源。在慕课平台注册成功的学习者都能够随时随地利用该平台进行学习，摆脱了时间和空间的限制。

（3）"快"，即慕课平台的学习者可以通过利用该平台提供的学习资源通过自主在线学习的方式来快速地获取信息和知识，而且该平台提供的学习资源采取的是教学短视频的形式，其内容短小精悍，便于学习者进行快速、高效的学习。

在一定程度上，慕课平台将以往的以教师为中心、以讲授知识为中心的教学模式进行了颠覆，开始将学习者当作学习的主体，鼓励学习者发挥自身的积极主动性，选择个性化的学习路径。当 MOOC 将全球最好的课程放到网上，而且是全部免费的，学生基本上已经不需要动员就会自动学习优质的知识。MOOC 是真正地在上一门课程，而视频公开课是课堂实录，感觉就是听别人在上课，这一点是 MOOC 与视频公开课程的最大区别。MOOC 可以让你重新认识课程，感知学习，获得一种更符合这个时代的学习方式，可以进行个性化学习、自我教育，是对传统课堂的一种很好的补充；在校大学生可以通过 MOOC 补充课堂提供的有限教学资源；教育研究者可以通过 MOOC 获取本领域的最新信息，拓宽视野；教师可以通过 MOOC 促进其专业领域的知识更新与职业发展；求职者可以通过 MOOC 学习新知识、新技术，培养新技能。利用 MOOC 学习有助于解决重点院校与普通学校教育资源配置和发展不均衡的问题，也符合 MOOC 设立的初始目的，实现教育资源的公开化，更好地实现教育公平，让世界上每个人都能享受到最好的高校教育。

二、SPOC 的应用

由于 MOOC 的应用效果比人们预期中的要低很多，所以有很多学者开始研究和探索全新的在线学习模式，于是 SPOC（Small Private Online Course，小规模私有在线课程）产生了（下文均以 SPOC 进行指代）。SPOC 的概念是由美国加州大学伯克利分校的阿曼德·福克斯教授率先提出的，其目的是对 MOOC 进行"瘦身"，具体而言，就是将 MOOC 平台上的优质课程资源应用到小规模群体上。

在 SPOC 中，"S"（Small）是与 MOOC 中的"M"（Massive）相对应的，指的是小规模的限制性在线课程。SPOC 将传统课堂教学与 MOOC 在线课堂进行了融合，是一种混合式学习方式，与 MOOC 相比，SPOC 的课程更加小众和精致。SPOC 的学习人数一般都在几十人到几百人，从心理学的角度对其进行分析的话，我们可以发现，这样的学习模式不仅能使教师和学习者获得更强的课堂参与感，同时也能方便教师针对学生的实际学习情况进行因材施教，对不同的学生进行个性化指导，进而能使教学效果达到最佳。

SPOC 中的 "P"（Private）指的是该模式采取的学习方式不是开放性的，而是能够达到一定水平的学习者群体对于某一项课程的专门性学习。SPOC 对 MOOC 中的先进理念进行了吸收和传承，能够更好地发挥出 MOOC 的潜能，将以往的传统教学结构进行改革，真正意义上实现翻转课堂的效果，从而使教学质量得到大幅度的提高，因此我们可以将 SPOC 当作 MOOC 的一个分支，也就是可以将 SPOC 理解为 "Classroom + MOOC" 的结合形式（传统教学课堂与慕课平台的结合）。SPOC 基本上都是在传统课堂上进行实施的，其沿袭了 MOOC 的教学模式，即采用学习材料和在线互动等功能对课堂教学进行辅助的教学模式，具体表现为教师在课前为学生布置与本节课内容相关的学习材料和学习任务，让学生对材料进行自主学习并完成课前任务，之后在课堂上给出学习效果的反馈，对本节课的重难点共同进行分析和讨论。

国外相关研究者在对 SPOC 一词的内涵进行分析时，对 SPOC 的优势进行了重点关注。对这些学者的观点进行分析，我们可以发现，和 MOOC 相比 SPOC 主要有以下四个优势：第一，SPOC 采用的混合式学习的方式能够增强教师和学生的课堂参与度以及学生课堂的学习效果，使教师的时间得到高效的利用，学生也能实现个性化的学习；第二，SPOC 能够弥补 MOOC 当中缺失的教学方法与教学原则，使教师能够在课堂上更好地开展教学；第三，SPOC 能够采用一系列的方法来理解和满足学生的学习需求，如限制招生、使用有效工具等，进而为学生营造更好的教育环境，使之能更受高校的青睐；第四，SPOC 解决了 MOOC 中最大的问题，即为学习者提供能被正式认可的学历，其中的小规模班级将会接受更加严格的评估，以此来进行身份的验证。

在国外，最早实践 SPOC 模式的高校都有着丰富的教学经验，在 MOOC 基础上开展各种新的尝试，为学生提供更有效的学习体验。较为典型的教学案例有：哈佛大学进行的 SPOC 实验、加州大学伯克利分校对 SPOC 进行的实验和推广、麻省理工学院对 MOOC 课程进行的 SPOC 实验以及科罗拉多州立大学进行的微型

SPOC 实验等。

目前，国外以 SPOC 为基础采取的教学模式主要可以分为三种：第一种模式是完全的在线学习，在这种模式下，学生的学习课程不需要在学校进行，而是在网上就能全部完成，并且学生还能与教师和同伴进行探讨和交流，完成教师布置的作业以及相关的测试；第二种模式是以在线学习为主，面授学习为辅；第三种模式是将 SPOC 与翻转课堂相结合，这种模式对传统教学模式造成了巨大的挑战。SPOC 与翻转课堂的融合能够为传统教育背景下的学生提供个性化学习的可能性，其课前在线学习的时间和方式是由学生自主决定的，而课堂上教师则会根据学生的课前在线学习情况有针对性地准备教学内容，并对学习者存在的问题进行指导。

当下将 SPOC 与翻转课堂相结合进行教学比单独使用二者进行教学效果更明显，通过梳理二者的特点，可以将 SPOC 理解为翻转课堂教学的载体，而翻转课堂是开展 SPOC 不可缺少的部分，两者各有优势，能够互相补充。SPOC 教学讲解能够让教师将知识更高效、更直观地传授给学生，而学生通过课上面授的协作、探究式的教学方式能够更好地内化知识、拓展思维、培养人文情感以及丰富经验。在教育目标分类中，识记和领会属于低层次的目标，可以采用 SPOC 在线教学的形式；而分析、评价以及创新属于较高层次的目标，可以通过翻转课堂中丰富的课堂活动来更有效地实现。

三、基于 MOOC 的混合式教学

技术是一把双刃剑，任何事物的发展都有其两面性，近几年的研究和实践表明，MOOC 的出现对全球教育界产生了巨大的影响，并因其具有的开放性、资源丰富、不受地域限制等优点吸引了大批学习者，其名校名师资源和新型学习模式更是引起了广大学习者的学习热情。但与此同时也出现了一些弊端，如慕课虽然在线注册率高但完成度不高，不利于教学质量控制等。而高校教师如何利用MOOC 资源优势，将其转化为可利用的教学资源，并将其融合到课堂教学中来改善和提高教学质量，是高校教师需要解决的一个问题。

近年来，混合式教学在教育界得到了广泛的关注，混合式教学是一种新型的学习方式。黎加厚教授将混合式教学定义为：所谓混合式学习，是指对所有的教学要素进行优化选择和组合，以达到教学目标；教师和学生在教学活动中，将各种教学方法、模式、策略、媒体、技术等按照教学的需要娴熟运用，达到一种艺术境界。混合式教学是一种结合了面授与网络两种学习模式的优势对教学过程的重组和构建，蕴含着新的教学理念和组织策略。混合式教学不仅能将教师具有的引导、启发以及监控教学过程的主导作用充分发挥出来，同时还能将学生作为学习主体的主动性、积极性与创造性充分体现出来。此外，还有学者认为，混合式教学就是将传统教学方式与数字化或者网络化学习的优势结合起来，一方面发挥教师在教学过程中起到的引导、启发和监控教学过程的主导作用，另一方面也能将学生作为学习过程的主体，充分发挥其学习主动性、积极性以及创造性。所以我们可以总结出来，混合式教学是基于 MOOC 的基础开展的，是一种可以让学习者主动学习、主动参与讨论的教学过程，是一种将传统课堂与网络化教学的优势进行有机结合的新型教学方法，顺应了教学改革和发展的方向。

基于 MOOC 的混合式教学模式除了具有 MOOC 教学模式的特点以外，还采用了课堂互动、小班化研讨等方式，将线上的 MOOC 与线下的翻转课堂进行融合，也就是说，让学生通过线上 MOOC 的教学方式来获取主要的知识，同时依靠线下翻转课堂的小班讨论等形式来实现知识的内化、巩固以及能力的提升。由于 MOOC 的混合式教学同时结合了面授课堂和网络课堂的优势，能够在最大程度上优化教学效果。目前对于我国普通高校而言有一个课题非常值得研究，那就是如何将顶尖高校的 MOOC 课程灵活地引入本校课程的教学当中，从而不仅使本校的课程能够与国际高校接轨，从而达到国际水平，同时也提升本校教师团队的教学科研水平，促进学校信息化的发展。MOOC 教学模式是对当今高校教学模式提出的严峻挑战，所以对 MOOC 进行深入研究能够帮助地方高校有针对性地制定应对方案。

四、MOOC 混合式教学在高校中需要注意的问题

（一）慕课教学≠慕课平台

慕课采用的混合式教学在流程上对传统教学模式进行了重组和构建，这并

非对信息技术的简单应用，所以很容易使教师的传统教学观念和工作模式发生改变，甚至还会对教师的个人利益造成一定程度上的影响，这些问题与技术问题交织在一起，使慕课教学模式的施行势必会遇到一系列的问题和阻力，因此学校教务管理部门和教学单位的首要工作目标应该是区别并梳理各种矛盾和问题，对症下药，多管齐下地予以逐步解决，切忌以点带面，放大次要矛盾而忽视或回避主要矛盾，从而使问题复杂化，导致关键问题更加难以处理。

在实行基于慕课的混合式教学模式时，学校可能会遇到一些问题。例如，教师对新的教学模式心存抵触，所以可能会对教学过程中遇到的技术问题和教学管理问题进行有意无意地放大，进而对重构、反转教学模式的过程中产生的教学内容的组织与重构的主要问题产生回避的心态，最终导致教师采取的混合式教学只是对传统教学内容、流程以及要求进行生搬硬套，并没有真正实现运用新的教学模式来进行教学内容设计。在采用基于慕课的混合式教学时，还要注意的一点是，要从系统技术层面解决在教务管理系统与慕课平台的数据进行对接过程中出现的问题，并且还要以学校自身的教学特点和教学需求为基础，使教学流程细致化、规律化、程序化，采取相关的技术手段来提高教师的工作效率，如开发网络化的教学应用软件和工具等，切忌采取"人海战术"来录入和处理相关的数据，因为这些机械性、重复性的工作可以由计算机和信息系统批量高速完成，如果将其转移给教师、助教、学生或者教辅人员，不仅不能提高工作的效率，还会造成人力资源的浪费。在应用基于慕课的混合式教学时，很多学校常见的一个认识误区是将慕课教学模式等同于某一个慕课平台，这种认识其实是本末倒置，完全曲解了慕课教学模式存在的目的和意义。诚然，一个稳定、可靠、资源丰富的慕课平台是开展慕课混合式教学的基础，但换一个角度思考可以很容易得出结论，慕课是一种新型的教学模式，并不是一个特定的课程平台或软件，应该从更高层次进行教学模式设计，也就是说，应该先根据教学目标来确立慕课混合式教学的思路和模式，再来寻找和组织合适的慕课资源应用于教学，而不是围绕一个特定的慕课平台软件来进行教学设计，将对特定平台或软件的使用等同于慕课教学。或者进一步说，即使没有现成的慕课平台，慕课混合式教学也应该可以通过教师搜索、选取互联网资源或自己录制课程视频来开展，因此对慕课混合式教学的正确认识和教师提高教学质量与效率的内驱力才是推动慕课教学的核心因素。在此之下，学校只有积极完善外部环境和条件，多方并举，多管齐下，才有可能形成合力，促使慕课混合式教学的顺利施行。

（二）慕课对教学信息化提出了新要求

混合式教学是教学信息化发展的新阶段，它体现出信息技术从教学辅助向与教学深度融合的轨迹发展。信息技术应用于教育教学最早始于计算机辅助教学，并且衍生出了计算机辅助学习、计算机辅助训练等概念，直到之后的互联网时代还衍生出了网络教学平台等，这些教学应用的特点都是从属于已有的教学流程，在教学过程中所起的更多是辅助、补充和支持的作用。而当前基于慕课的混合式学习，以及从教学角度而言的混合式教学，使信息技术在教学中发挥的作用不再仅仅是工具或支撑平台，而是对教学思维、教学元素以及完整教学流程的重构。因此，基于慕课的混合式教学对于教学系统设计中的信息技术环境和条件、教学参与者的信息技术素养、教学管理的信息化水平都提出了更高的要求。

具体而言，在信息化教学环境中，需要有稳定的有线网络和无线网络接入，慕课平台所在的云计算服务器需要安装在专业的数据中心机房内，教师和学生应该普及智能手机和笔记本电脑等教学终端，并能够随时随地稳定快速地接入慕课平台；教师和学生对"互联网＋"教育教学以及信息化时代教学和学习的新理念、新思维有一定程度的认识和理解，能够适应教学流程重构和翻转对教师和学习者提出的新要求，能够主动调整自己在传统教学和学习模式中的习惯思维和行为，积极融入混合式教学的新模式之中；作为教务管理部门而言，在基于慕课的混合式教学的教务管理过程中必须继续提高管理的信息化水平，努力消灭数据孤岛，跨越数字鸿沟，重构教务管理规则和流程，避免传统教务管理中的一些规定和流程原样照搬到混合式教学的管理之中，以免生搬硬套造成影响慕课混合式教学开展的不良后果。另外，混合式教学中的教学绩效考核制度和教学质量评价体系也与传统教学评估的指标和模式存在较大的差异，需要教务管理部门与时俱进，研究制定出混合式教学的考核和激励机制，从制度上推动基于慕课的混合式教学在学校教学中的应用普及与深入发展。

（三）制约慕课教学开展的因素

制约基于慕课的混合式教学在高校中推广应用的因素有很多，其中一个突出的问题是当前的高校教学现状导致教师对信息化教学改革的积极性和参与度不高。

这与慕课平台的技术问题、网络问题、教务管理制度问题、师生信息技术素养问题等交织在一起，使得基于慕课的混合式教学在高校推行时面临众多复杂的问题和挑战。需要高校教务管理部门、教学研究部门、教学单位、信息技术部门等单位紧密合作，相向而行，形成合力，逐一梳理才有可能逐步解决问题并不断完善。

（四）慕课与"仪式化"的课堂教学

基于慕课的混合式教学如果能够顺利应用于高校的日常教学中，对于教师教学和学生学习而言，都将是时间和空间上的极大解放，学生学习拥有了时空上的更多自主性，教师也可以腾出更多的时间和精力进一步对教学内容进行充实，引导学生能够利用更多的时间来进行个性化学习，使教师的教学活动以及学生的学习活动摆脱课堂条件的束缚，这是对传统课堂教学模式的重大翻转与重构，所有混合式教学的参与者，包括教师、学生、教学管理者等都应该首先直面并接受这种教学模式的变化。

对慕课混合式教学的一个常见认识误区是，教师试图将课堂教学模式的流程和要求原样照搬到网络学习空间中，这种思维是很典型的生搬硬套，其根源是对课堂教学模式的惯性思维和迷恋，这种思维简单地把课堂教学等同于教学，特别是对课堂教学中"仪式化"的授课形式有着较为片面的认识，认为只有通过课堂中"先点名、教师讲、学生听"这种仪式感强烈的教学形式，才能保证教学效果。课堂教学的"仪式感"并非不重要，但主要作用是在中小学生的纪律意识的形成阶段规范青少年的行为，使其养成良好的课堂学习习惯。但在学生步入成年的大学阶段仍然一味强调课堂教学的"仪式感"，往往适得其反，难以调动学生的学习积极性，更为严重的是，有可能影响对大学生实践意识和创新意识的培养。因此，在慕课混合式教学设计中，如何在有限的线下教学课时中组织合理的教学内容，设计能够充分调动学生参与度的课堂教学或实验实训形式，是需要每位承担慕课混合式教学工作的教师认真思考的首要问题。无论哪一个门类的课程，线下课堂教学或者说是线下教学活动的设计，都应该明晰的一个思路和目标是活动的"精品化"，或者换句话说是发挥"仪式化"教学中的优点，通过设计和组织内容丰富、参与感强、令学生印象深刻的线下教学活动，使"仪式化"教学在时间和次数上压缩、精简，在内容和过程上提高质量，最终实现具有"精品仪式化"特点的线下教学活动，从而弥补纯线上慕课学习在人际沟通、交流、互动方面的不足，同时又可避免过多平淡的、千篇一律的、缺乏设计的"仪式化"课堂教学，让学生不再审美疲劳和枯燥乏味。

（五）对慕课的常见认识误区

慕课的出现和发展与以往的一些信息技术对教学的影响有着很大的区别，在过去电视、电脑、多媒体、互联网等信息技术产生并进入教学领域时，教育界对其都有或多或少的顾虑和争议，但从来没有像当前慕课的出现一样引起轩然大波，教师对慕课的看法和观点可以说是出现了两极分化，一部分教师认为慕课可以提高教学质量和效率，因而主动接受、参与并开展基于慕课的教学；还有相当数量的教师在一定程度上对慕课产生了恐慌和焦虑。一方面源于对慕课的误解和片面的认识，另一方面源于对慕课的抵触心理而进行的夸大。具体来说，对慕课常见的认识误区包括以下几种：

1. 替代论

这是一种非常有代表性的论调，随着当前智能化设备的快速发展，很多传统的手工劳动正在被智能设备所取代，而当前人工智能和大数据技术的发展，又对很多传统的脑力劳动造成了极大的冲击，因此"慕课将取代大部分的教师"这种论调在一部分教师之中很有市场，使得很多并没有认真认识和思考慕课的教师先入为主地接受了这种替代论的观点，从而加深了对慕课的误解和忧虑。替代论的出现有着深刻的内在原因，那就是的确有少部分教师的日常教学工作或多或少存在照本宣科的情况。这些教师的确会受到慕课教学模式相当大的冲击。然而这种恐慌和危机感并不是慕课带来的，而是这些教师自身教学存在的问题所导致的，即使没有慕课出现，照本宣科式的课堂教学也是不受学生欢迎、不被社会所认可的，长期来看是不可持续的，慕课的出现只是进一步突显了这些教学顽疾。然而教师恰恰是最难以被人工智能取代的职业，因为真正能够指点和启迪学生思维的教师，面向的应该是对学生的创造力和创新思维的培养，这不会是机械性的重复劳动，所以，要跳出替代论的认识误区，一方面需要向相关教师普及慕课的概念与机制，宣传慕课的积极作用与价值，另一方面也要通过慕课的应用来倒逼教师正视教学工作，转变教学工作态度，提高自身作为教育工作者的职业素养。

2. 助教论

持这种论调的老师认为，开展基于慕课的教学将使自己从教师沦为助教，自己的教学主导性将无法得以体现，最终导致自己被边缘化。助教论主要存在于高校专业课教师之中。通过冷静地分析之后很容易看出，助教论的实质是替代论的一种变形，归根结底还是认为慕课将替代教师的主体地位。但如果换一个角度思考，只要教师能够回归从教学目的和目标的角度看待问题，这种所谓教师被边缘化的情况并不存在。首先，慕课中课程资源实质就是类似传统教学中使用的统编教材，绝大多数的教师都是用统编教材进行授课，并不一定都是自编教材。其次，即使慕课课程资源中的内容不能完全满足本校教学的需求，教师也可以通过混合式教学设计和组织补充的教学内容进行教学，并且需要在教学过程中持续对学生进行个性化的辅导，因此教师的作用并没有被削弱，从某种意义上来看应该是强化了教师的作用，解决了传统教学中的一些弊端，也就是说慕课混合式教学最终的模式应该是"以学生为中心，以教师为主导"。

3. 费事论

部分教师认为推行慕课混合式教学改变了教师习以为常的教学方式，增加了教师的工作量，内心对慕课相当抵触。这部分教师的心态主要源于两个方面的因素：一是认为对于教师开展慕课教学增加的工作量校方应该予以经济补偿；二是对慕课混合式教学的工作量投入存在误解，从短期来看，教师刚进行慕课混合式教学时需要投入的时间和精力与传统教学相比可能会成倍地增加，但在经过一轮或一个学期的教学后，混合式教学的模式基本建立，教学模式已经可以稳定行，这时教师的工作量会大幅下降，直到降到比传统教学工作量还低的基准线。所以从长远来看，慕课混合式教学是能够帮助教师大幅提高教学效率的，至于教师要求的经济待遇问题，则需要校方从多个方面予以解决，总体而言应该既有鼓励措施，又有倒逼措施，只有多管齐下才有可能妥善解决教师的诉求。

（六）慕课教学的技术支持要素

基于慕课的混合式教学在高校中的实施是一个复杂的系统工程，因此需要教务管理部门、教学单位、信息技术部门等各方密切配合才能顺利开展，在此过程中各方参与者既要分工，更要合作，但无论面临哪些具体的工作，有一个原则必须自始至终全程遵循，那就是必须将固定的、机械的、重复的工作流程程序化，并通过计算机执行，而教学过程的所有参与者，也就是人，应该去做复杂的、创新的、迁移变化的工作，简单地说，就是"机械的事交给机器，人应该做人做的事"。具体来说，在基于慕课的混合式教学中，有两项必备的系统功能需要在技术平台构建时就予以解决，否则会严重影响到后期慕课混合式教学的正常开展。

第一，统一认证接口。慕课教学平台的基础数据是所有教学参与者的账号和信息，需要保证所有教师、学生、助教能够顺利无障碍地登录慕课平台，而且必须避免在慕课平台中出现新的数据孤岛，也就是说，慕课平台的用户数据库不应该是独立运行的，必须通过统一认证接口与学校已有的教务管理系统或一卡通系统对接，用户不能在慕课平台中修改自己的账号密码，确保任何教师和学生不因账号问题影响对慕课教学平台的访问。

第二，通用数据接口。在校园信息化系统的构建和整合过程中，每个学校都应该把通用数据接口作为一个核心的刚性功能需求，确保不同的信息系统间能够无障碍、实时、自动同步数据，从而彻底打通校园内的各个数据孤岛，确保教学和教务管理工作顺利进行，不因数据问题影响慕课混合式教学的开展，让教师的精力与时间专注到教学内容的组织和设计上，而不是浪费时间去手工处理本应由计算机系统自动完成的数据同步问题。通用数据接口不是简单地开放数据库的远程访问接口，而是应该设计并达成一个通用的数据协议格式标准，其实质是对数据库中的数据进行提取和抽象表达，避免不同的系统间由于数据库类型不同造成不兼容的问题，以及通过对数据和字段的读写权限划分确保各信息系统的相对独立，从而显著提高系统的安全性。

简而言之，通用数据接口就是不同信息系统间的一个中间件，各系统都遵循约定的协议对授权的外部系统提供约定格式的数据，各系统在读取外部系统提供的数据之后，解析并写入自身内部数据库。人们对通用数据接口常见的认识误区是，认为各个信息系统只要提供了数据导出导入功能，能够导出导入 CSV 格式的表格数据就算是有数据接口功能了。但实际上，即使具备了手工的导出导入功能，数据孤岛仍然存在，真正消除数据孤岛的方法应该是具备自动实时同步的数据接口。用地理孤岛来类比，即使孤岛与大陆间有定期往返的渡轮，仍然改变不了孤岛的性质，因为渡轮无法保证实时的、双向的运输（数据同步），只有在大陆和孤岛间修建跨海大桥或海底隧道（数据接口）才能彻底消除孤岛效应。通用数据接口的作用在于自动同步教务系统中的学生名单、教师名单、课程名单等数据，并将慕课教学过程中产生的形成性评价和终结性评价数据推送回教务管理系统，最终完成学分认定，可以全程避免无谓的手工操作，有效提高教学和管理效率。

（七）慕课教学参与者的信息技术素养要求

基于网络平台的教学主干流程替代了传统的以课堂教学为主干的教学流程，网络应用已经由课外的辅助应用变成了贯穿混合式教学流程始终的主线。因此在基于慕课的教学系统中，对慕课平台和网络环境等技术支撑环境，以及对所有教学参与者的信息技术素养的要求都比以往的传统网络辅助教学提高了一个甚至若干个层次。这是因为，对网络化教与学的应用已经由可选的、弹性的需求变成了必需的、刚性的需求，这对所有教学参与者的信息技术素养都提出了更高的要求，也是所有教学参与者在慕课时代面临的重大挑战。

因此，在实施基于慕课的混合式教学之前有必要对所有教学参与者进行相应的信息技术强化培训，并且建立系统的信息化教学运维支撑体系，在教学过程中持续地为师生提供技术支持服务，从而潜移默化地提升师生的信息技术素养。基于慕课的混合式教学所必需的信息技术素养至少包括：熟练使用各种终端访问慕课平台，使用学校教学环境中的教室电脑和公共机房电脑，以及个人的笔记本电脑、平板电脑、手机等移动终端；学习并掌握互联网相关的法律法规，具备网络安全意识，在基于网络的学习过程中注意保护个人账号和数据安全，同时不要在教学和学习过程中发布违反法律法规的内容和信息；掌握一些基本的网络技术，包括各种环境内的网络接入，比如学校的校园网认证上网和 Wi-Fi 接入、家中的宽带接入、VPN 接入、运营商的移动网络接入等，并能够对网络故障进行一些基础的简单调试，如查看操作系统的网络连接属性、查看是否获得了正确的 IP 地址，能够通过 ping 命令和网速测试软件判断网络是否畅通、是否稳定等；在自己的个人电脑和移动终端中确保系统安全，坚持使用正版软件并保持更新，避免使用可能包含木马的盗版软件，随时保持操作系统自动更新并定期手动检查，在系统中安装安全防护软件并定期扫描等；理解当前互联网的主流已经从传统基于 PC 端网页浏览器的网页全面过渡到基于跨平台、响应式、多终端兼容的移动网页，因此首选的网页浏览器应该是对 JavaScript 支持较好的现代浏览器，大部分 Android 和 iOS 智能手机和平板中的 Web 浏览器等，如果选择其他浏览器时应该了解该浏览器是否兼容，避免使用老式的、长期不更新的 IE 浏览器；掌握一些基础的互联网内容和资源开发技术，了解网页的构成元素，清楚适合在互联网中传播的媒体格式，特别是教师除了使用慕课平台中现有的课程视频资源外，建议所有教师都掌握手机录像剪辑等录屏软件的操作，从而能够由个人录制一些微课发布给学生作为慕课课程的补充内容，真正体现混合式教学的意义和价值。

第四章 "互联网＋"时代高校课堂的教学模式改革实践

在"互联网＋"时代高校课堂的教学模式改革理论的指导下，本章重点介绍"互联网＋"时代高校课堂的教学模式改革实践，分别阐述了"互联网＋"时代高校翻转课堂改革实践案例、"互联网＋"时代高校转动课堂改革实践案例以及"互联网＋"时代高校慕课混合式教学课堂改革实践案例。

第一节 "互联网＋"时代高校翻转课堂改革实践案例

下面以浙江万里学院税法课程翻转课堂为案例进行具体分析。

一、浙江万里学院会计学专业税法课程的特点及教学现状

（一）税法课程实施翻转课堂的起因

2011 年，浙江万里学院接触到翻转课堂的理念之后，认为其在调动学生的学习积极性方面不失为一种有效的方法，他们试想在应用型高校是否可以尝试。但由于当时不知是否会得到校方的认可，所以只能在小范围内进行尝试，经过两年的尝试之后，他们发现有一个惊人的变化就是，所有的学生都"动"起来了。以往极个别学生上课不带教材和用来记录的笔纸的现象没有了，所有的学生都在认真听课，这是一个好的变化。所以，在 2013 年会计学专业教师袁葵芳申报了浙江省的课堂教学改革项目《基于信息化的翻转课堂》，用于该专业税法课程的

教学改革。恰巧在此时学校开始推动 Moodle 平台的使用，翻转课堂的实践便与 Moodle 平台结合了起来。

从接触翻转课堂的理念开始，他们就产生了一个疑问，既然翻转课堂是知识传授阶段由学生自主进行，在课堂进行的是知识内化的学习，而知识传授是知识内化的基础，那么，如果学生在第一阶段没有按照教师的要求进行自主学习，那么在课堂上知识内化的学习就无法进行，而这种情况是极其可能发生的，那么如何解决这样一个现实的问题呢？

这个问题让他们困惑了许久。后来一位台湾的著名教师来宁波介绍他所做的翻转课堂，他在实施翻转课堂的过程中也遇到了相同的问题。他的解决方法是，课堂讨论时发现某位学生尚未进行第一阶段的学习，于是让这名学生到教室后面看大家讨论，羞耻心刺激该生弥补第一阶段的学习，待其自学完成，再让该生回到小组中参与讨论。该种方式也许在一定程度上会刺激没有进行自学的学生，从而让他们在以后的学习中改进这种情况。但是，对于那些需要被给予更多关爱的学生来说，如果一名学生对学习没有兴趣，在教室里我们用这种方法刺激他，也许他不但不学，反而"破罐破摔"，影响师生之间的关系，从而更加无法达到期望的效果。所以，他们想从学生的心理入手来设计教学方案。

（二）"税法"课程的特点

1. 专业性

对于财会类专业的学生来说，"税法"是其从事会计与财务工作必须掌握的一门课程。作为会计人员，在进行会计核算的时候随时都要用到税法的知识，几乎每一笔业务的核算都与税收有关，特别是企业在月底或年底报税的时候，还要填制纳税申报表，因此会计人员对税收业务的掌握程度会极大地影响其会计核算的正确性。作为财务管理人员，对于企业的税务进行全盘考虑，并在可能的范围内进行税收筹划是一项重要的工作，因此可以说，不懂税收就不是合格的财会人员。也正是因为这一点，注册会计师考试中，"税法"是必考的一门课程；而在注册税务师考试中，"税法"被分成两门课程进行考试，可见该课程在专业中的重要性。

2.实务性

"税法"对于会计学和财务管理的学生来说是一门实务性非常强的学科，也就是说，对于财经类专业和法律专业的学生，学习税法的侧重点是不一样的，对于财经类专业的学生来说，更应注重税收的实务操作，因此对于各种税的应纳税额的计算是学生应该重点掌握的一项能力。这点和法律专业的学生的学习有所不同，法律专业的学生所注重的是税法的完整性和税法制定的合理性研究，而财会专业的学生则更应注重税法的理解和执行。

3.严谨性

法律是一条准绳，其作为一种规范具有明显的严谨性，由于税法课程是依据国家发布的税收法律来进行教学的，所以该课程也必然具有法律课程的共同特点，即要"咬文嚼字"地或者说要精准地理解法律条文。

4.基础性

"税法"虽然属于专业课，但它又是其他专业课的基础，因为在学习"中级财务会计""财务管理学""纳税筹划"等课程时都要用到税法知识，所以税法是专业课程中处于基础地位的课程，该课程的学习为后续的专业课程奠定了基础。由于以上原因，该课程当然应该成为专业必修课。作为该课程的任课教师，一个非常重要的任务就是打开财务工作的大门，引导学生对专业课产生浓厚的兴趣，这对学生的专业发展来说比什么都重要。

（三）分析会计学专业"税法"课程改革的理念

1.税法课程知识内化比知识传授更为重要

会计学专业与其他专业的税法课程相比，更具有课时量大、操作性强的特点，学生学习该课程的目的是在未来的会计岗位上能够熟练运用税法知识正确地申报纳税；且由于税法课程教学内容较深，难度较大，知识点多如牛毛，需要通过大量的习题、案例分析来使学生充分消化知识。因此，对于会计学专业的学生来说，学习税法课程过程中的第二个阶段——知识内化过程比第一个阶段的了解和知识理解更为重要。只有经过知识内化，学生才能真正地将知识变为他们自己的。

2. 税法课堂知识传授阶段难以因材施教

由于税法课堂教学只能按照适合大部分学生理解能力的速度来确定教学进程，这样在知识传授环节就可能出现一部分理解力超强的学生感觉进度太慢，而另一部分没听懂的学生又跟不上的局面，很难达到真正的因材施教，进一步则可能造成这些没跟上的学生学习自信心的下降甚至丧失；按照课表上课，学生无法自由安排自己的学习时间，只能按照统一的上课时间参与学习；在课内教师讲解一遍知识点之后，一旦学生忘记，就很难自己解决问题，而要找教师解答，往往时过境迁，导致最后不了了之；课堂上难以达到真正互动，由于课堂讲授理论，教师需要赶进度，很难就每一个问题都进行深入的讨论，因此大班上课很难实现真正的互动。

3. 学生在课外完成作业影响税法知识内化的效果

长期以来，会计学专业的税法课程都是在课堂上完成第一阶段即知识传授阶段的学习，而在课堂之外完成第二阶段即知识的内化过程。在学校进行教学改革之后，税法课程也采用了大班授课、小班讨论的方式，目的就是要将部分知识内化的过程转到课堂上，通过小班研讨的方式完成。但是，小班讨论的课时毕竟有限，能够分析的案例数量达不到课程的要求。虽然税法课程组要求任课教师在课外小组研讨时全程参与，但这样做，一要耗费教师大量的精力，二是大量课时用于知识传授，案例研讨量受限（因为要想达到注册会计师考试的难度，税法课程的案例往往非常复杂，需要课时较多），教师在课外对学生的指导依然有限。大部分税法课程的知识内化过程，都被放在课堂外，由学生独立完成，缺乏教师的辅导，影响其知识内化的效率。

4. 培养学生税法自主学习能力非常重要

会计是典型的需要终身学习的行业，每年都要持续学习。国家的税收政策经常变化，学生在将来工作中需要不断了解国家最新的税收政策，读懂弄通，并且能够灵活运用，否则可能出现纳税申报错误，导致无法胜任财务会计工作。因此，会计行业更加要求培养学生自主学习的能力，特别是对税收的法律条文更是如此。

（四）分析目前的师生在教学过程中的心态

1. 学生自学能力不强，自学习惯在中学没有养成

在基础教育阶段，有的教师采用"填鸭式"教学，导致学生创新性思维培养不足。"90后"甚至"00后"面临的各种外界干扰较多，信息化时代手机控、电脑迷增多，虽然会计学专业显性逃课和隐性逃课的现象比较少，但也存在个别学生学习积极性不高的现象，迫切要求教师改变原有的教学思路和方法。

2. 教师的科研压力较大，精力有限，导致教师在教学上力不从心

高校扩招后各校教师的科研压力不断增加，教学工作量加大，教师在批改作业等方面缺乏精力，导致课下的师生互动减少。个别教师甚至无心教学，导致教学质量下降。

3. 教学存在讲不清楚和讲得太清楚两种问题

这两种问题看似矛盾，其实都是教师在教学上缺乏思考的结果。讲不清楚是有些教师不认真备课，甚至教学内容是什么都不知道，拿着PPT照本宣科，讲与不讲对学生帮助不大。讲得太清楚是指较负责的教师把知识点分析得很透彻，完全是教师把内容"嚼烂了""喂"给学生，学生"食之无味"，也就失去了求知欲。

在认真分析会计学专业"税法"课程特点和师生教学过程中的心态的基础上，教师按基于信息化的翻转课堂教学模式设计教学方案（方案准备），寻找实施翻转课堂需要解决的关键点（困难准备），采用多种形式拍摄大量的教学视频（条件准备），利用信息化终端、课外师生互动的方式进行手段设计（手段准备），采用线上线下互动模式实施翻转课堂。

（五）设定"税法"课程翻转课堂教学改革目标

1. 改革理念目标

基于上述对税法课程特点的分析，税法课程设定的改革目标如下：

（1）倡导学生进行快乐学习，在观念上要以学生为本，注重对学生学习兴趣的培养，使得学生对所学的课程产生兴趣，从想学习转变为会学习，再由会学习转变为爱学习。这就是改革最重要的目的，因为只要学生具有强烈的学习兴趣，那么课程改革就会更容易推行。

（2）在培养目标上，税法课程设定的改革要从追求权威知识和标准答案转变为追求个性化的探索和个体的认知过程。要逐步培养学生对知识的概括能力、创造能力以及想象能力，全方位提高学生的知识、能力和素质。突出税法这门学科的主要特点，让学生在学习的过程中能够掌握正确的学习方式。

（3）在教学组织上，与合作性研讨的探究式学习相结合，增加学生的参与感，实现对学生课外自主学习过程的有效控制。

2. 改革具体目标

通过在会计学专业学生中的教学实验来验证翻转课堂在高校的会计学专业课中实施的有效性，为其他课程进行翻转课堂的实践提供参考模式，这极大地调动了学生学习的积极性，使学生共同进步，着力培养学生的自主学习、钻研问题、探究创新的兴趣和能力，从以教为主向以学为主转变，从以课堂教学为主向课内外结合转变，提高学生掌握和灵活运用专业知识的能力，提高教学效果。教师通过比较传统课堂与翻转课堂教学模式带来的不同结果，检验翻转课堂的应用效果，特别是在教学模式改成翻转课堂的条件下学生的学习积极性及成绩的变化规律，研究翻转课堂在会计学专业的适用程度，可能遇到的问题及解决办法，从而反思该种实验结果的普遍应用价值，为高校翻转课堂的教学改革提供新的范例，为翻转课堂与信息技术的有效结合寻找突破口。

（六）确定课程改革内容

1. 课堂教学内容改革

（1）将每章的教学内容分为课内教学内容和课外自主学习内容两部分。原理部分中的基本内容是税法中必须要掌握的内容，是其他内容的基础；重点难点内容是税法中学习起来有一定难度或者对案例分析起着重要作用的部分；次要内容是比较容易理解且学生完全可以自学的部分；补充内容是针对国家税收政策的最新变化而新增的内容。课堂教学内容选择重点难点和案例部分学习，其余部分在课外由学生自主学习之后在课堂上研讨。

（2）除了专业知识外，在课堂教学内容中加入税收政策解读的示范，教会学生读懂教材和自主学习税法的方法。

2. 教学组织形式改革

（1）将以课堂为主的教学变为课内外结合进行，充分利用学生的课外时间。具体来说，原来的教学主要在课内完成，而现在，我们将充分利用学生课外的时间，实现课内课外基本上各占一半的时间来学习，这样更能调动学生的学习积极性，使学生的学习环境更自由，对于学生形成良好的学习习惯也大有帮助，有利于改掉学生课外打游戏等不良嗜好。

（2）将通过课内传授知识改为在课外传授知识，使学生能自由进行学习。具体来说，将学习的第一阶段（知识传授阶段）放在课外，在课前为学生提供教学视频，由学生自主学习，学生可自由支配学习时间，甚至在走路、乘坐公共汽车时都可以学习。

（3）将传递知识以面授为主改为以信息化的视频教学为主，让学生可以在任何时间、任何地点去观看视频，提高学生的学习效率，并可反复学习不懂的知识。具体来说，学生在课外观看视频，如果有问题还可以重复观看。

此外，我们可以将为学生提供的教学视频进行分类，将其分为课堂教学视频和微课视频两种。其中，微课视频指的是将教学内容分割成不同的片段，其特点是时间短，可使学生集中精力观看，而且同样的内容比在课堂上教学用的时间更短，有利于提高学生的学习效率。而课堂教学视频给学生带来的好处是，难点问题通过师生的互动可使学生更深入地领会教学内容。

（4）将原来学生只能享受一位教师的教学改为共享多位教师的教学。在翻转课堂中将在知识传递阶段由不同的教师分别教授不同的班级，为所有班级共享一位最优秀教师的教学视频，或同时享受多位教师的教学视频，并可自由选择最适合自己的教学视频。每位教师对知识的理解角度及深度都可能存在一定的差异，讲解方法及详细程度也会有一定的不同，提供多位教师的视频由学生选择观看，可以使学生更深入地理解教学内容。

（5）将原来由学生单独完成作业改为在课堂上大家共同研讨案例，这样可以及时发现其在知识点掌握方面存在的问题，在课堂上给学生充分的提问时间，以解决税法知识中的难点。学生在课堂上独立思考，并与其他同学深入讨论，与教师深入讨论，完成知识内化的程度更彻底，对知识的理解也更透彻。

3. 教学手段改革

信息化教学手段使教学的便利程度大幅度提高。首先是 Moodle 教学平台的利用，教师把留作业、交作业的时间都改在了课外，起到了节省课堂教学时间的作用，也便于提供学习资料，便于相互讨论问题，便于师生互动。其次是微信群的利用，使得师生在任何时候、任何地点都能够相互联系，实现了零距离的沟通，并且学生的疑问可以得到及时解答，避免时间长以后学生自己也忘记想要解决的问题的情况发生。再次，课前提供给学生教学视频，可使学生的自学更加有效。

4. 教学方法改革

（1）采用知识导图对知识进行概括和总结，并教给学生运用方法，以便学生在今后学习其他课程的时候采用，以提高其自主学习的能力；采用图示法来厘清各知识点之间的关系，便于学生融会贯通；采用基于问题式和案例法进行教学，以提高学生的学习兴趣。

（2）课内重点进行案例分析，案例分析法和基于问题研究法被大量应用到教学中。

5. 学习任务改革

以前给学生布置的任务主要是案例分析，案例分析多了慢慢也缺乏刺激了。为此，课程组大胆改革，要求学生上交自学录音、思考的问题、自创考试题以及案例分析等多种形式的任务来增加学生的新鲜感。其中自学录音就是将其对自学知识点的理解讲解给大家；思考的问题用于答疑课堂，提出问题的学生都能得到加分；自创考试题就是要求每位学生针对指定知识点自创单项选择题、多项选择题和判断题各一题，通过教学网络平台的控制，要求学生先浏览前面同学已经交过的试题，后交的不能与先交的重复，并且给出参考答案。期末教师命题时选择学生自创的试题占试卷总分的 15% ～ 20%，但从每位学生的试题中最多选择一题，并且是从答案正确的试题中抽选。学生们为了自己的试题能被选中都非常用心地出题，有些学生在这一活动中表现出创造力，从中可以看出学生对知识点的理解和掌握程度。以上形式还可以使学生内生性的学习资料增加，同时这些资料也能供下一届的学生参考和学习。

（七）分析课程需要解决的关键问题

1. 设计保证学生课外自觉学习的机制

学生对知识的内化需要建立在教师对知识的传授基础上，因为学生第一个学习阶段采取的是课外学习的形式，所以这个过程需要教师采取合理、有效的手段对学生的课外学习情况进行监督；而第二阶段的学习需要建立在第一阶段学习的基础上，所以教师要格外注重学生第一阶段的完成情况，以此来保证学生能够顺利进行第二阶段的学习。在这种情况下可以采取的教学方法为：教师将小组集体学习和学生独立学习相结合，让小组成员互相监督学习的进程，以此来保证第一阶段学习的顺利完成。

2. 解决学生课外自学需要的教学视频

教师需要在学生进行课外学习前为学生提供相应的教学录像。税法课程的课时量一般很大，其教学内容是按照注册会计师的考试深度进行的，所以教师要注意录制教学录像这个非常关键的问题，要保证录制的教学视频的质量，为学生的课外学习提供优质的资源，这就需要教师拿出大量的精力和时间来准备。教学视频的录制可以通过教学团队进行合作的方式，让其中一位教师负责录制课程的主要内容，让其他教师负责另外少部分内容的录制，同时选择多位教师对教学内容中的重难点录制不同的版本，从而选择一个学生接受程度最高的、真正实现优质教学资源目标的共享。

（八）分析"税法"课程实施翻转课堂的可行性

1. 具备了实验所需的全部条件

互联网进入了微时代，并且以超出人们想象的速度迅猛地流行起来。移动终端的日渐流行，为翻转课堂奠定了基础。屏幕录制软件可实现课程录制，各种电子工具可以支持学生下载教学视频，进行课前知识学习。当在学习过程中遇到各种问题时，学生可以通过互联网或教师提供的资料来寻找解决问题的方法，这不仅能够增强学生自主学习的能力，也能使学生树立正确的学习态度，为今后的终身学习打下良好的基础。教师还可以组织学生建立微信群和QQ群，使学生在班级内部能够进行在线交流和讨论，研讨学习中出现的问题，交换学习经验，共同协作，这样不仅能够使学生的学习质量得到大幅度的提升，还能对学生的学习潜能进行挖掘，同时增强学生与他人交流合作的能力。除此之外，学校拥有中国知网等数字图书资料，实验研究需要的多媒体设备齐全，所在单位的研究设备、电脑配置条件较为先进，局域网速度快，查阅资料方便，数据库容量大，可提供的资源也较为丰富。

2. 实验对象——会计学专业学生会积极配合

会计学专业是该校高考录取分数线最高的专业，学生学习积极努力，学风好，知识掌握扎实。基于国外的成功经验，以及该校会计学专业学生良好的学风，在实验过程中学生的配合度较高。

3. 视频录制合作单位及采用的技术较成熟

教学视频的录制已经选择好录制公司，并且该公司已经和课程主持人曾有过多次合作，录制的质量较高，其中有两门课程经合作录制获得浙江省微课大赛二等奖。

4. 教学研究具有扎实的基础

参与改革的教师是具有多年税法教学经验的教师，在教学研究方面，参与者均为教学骨干，多年来一直从事税法课程的教学，潜心进行教学研究；在信息技术方面，各位教师认真学习，已经熟练掌握了办公软件、录屏软件及网站制作方面的知识和技能。

二、基于 Moodle 平台的翻转课堂教学改革实施

（一）课程改革前期准备

在对翻转课堂的教学进行改革时，要以翻转课堂的改革需要为基础，提前做好以下各方面的准备：提前设计好包括课前教学模块和课堂教学模块的翻转课堂的教学模式；设计好能够指导学生进行第一阶段学习的课外教学网络平台，如浙江万里学院设计的 Moodle（Modular object-oriented dynamic learning environment，一个用于制作网络课程或网站的软件包，下文简称 Moodle）教学平台，其能够为教学设计提供多项功能，让教师能够按照需要自行设计和开展教学活动；提前准备好学生第一阶段学习课程的全部教学视频，如教师课堂需要用到的教学视频、微课视频以及全部课程所需的课件等；提前准备好课堂上对学生学习效果进行快速测验的测试题；提前准备好用于学生第一阶段的课程学习的针对性章节测试题；提前准备好用于第二阶段课堂教学的相关案例；提前设计好与翻转课堂对应的评价体系以及提前将课程按照章节进行分解等。

（二）具体实施过程

1. 实验步骤

改革采取的实验步骤为：首先在一个班级内进行实验，其次用实验班和非实验班的效果进行对比，获取成功经验后对其进行推广。其具体步骤如下：

（1）为学生提供相关的教学视频。教师为学生提供理论教学、实验教学以及通过录屏软件制作的相关教学视频，丰富学生的课外自学内容。

（2）使学生能够通过各种信息化工具来进行自学，如台式电脑、笔记本电脑、智能手机以及平板电脑等上网设备，并允许多种终端并用，让学生能够在课外随时随地进行知识传授阶段的学习。

（3）在学生课外自习过程中定期安排师生互动，可以通过 QQ 群聊、微信群聊来进行，每周选择固定的时间，在课外进行相关课程的讨论。

（4）学校采用 Moodle 平台、福特斯税务模拟实验教学软件等方式，将其配合使用以加深学生对知识的深度理解。

（5）对学生自学阶段的学习表现进行检测，一方面以小组的形式让组内成员互相监督，另一方面通过 Moodle 平台对学生进行检测。

（6）学生对知识的内化阶段（学生学习的第二阶段）采用多种形式，如以小组为单位来进行案例分析、以一个人为单位来进行课堂的答疑活动、以集体为单位进行讨论等。

（7）通过课堂上研讨活动中学生的具体表现来检测学生课外自主学习的学习效果，设计相应的评价方式来鼓励学生实现集体的共同进步，而非个人进步。具体而言，就是将课堂中的各部分环节（如自主学习环节、小组研究环节、课堂讨论环节等）与学生各阶段的测试进行结合，使其在期末成绩中各自占据一定的比例。

2. 与 Moodle 平台结合的总体架构

综合来看，翻转课堂可以分为课前导学、课外自主学习、课堂活动、课后巩固四个模块。

（1）课前导学模块

学生在进行自主学习前教师必须设计导学阶段，这样才能让学生的自主学习带着目标进行，避免走一些弯路。如果教师没有在学生进行自主学习前为学生明确此次学习的任务，学生的自主学习就会较为混乱，无法取得较好的学习效果。这个阶段教师的教学目标是对学生的自主学习进行引导，使其掌握自主学习的方法和技能，激发学生对于学习的热情和积极性。因此，教师在对学生进行导学时，要选取课本中的典型基本概念和基本原理，为学生如何对这些基本概念和原理进行理解和学习提供思路；然后为学生布置自主学习时要完成的思考问题以及相应的任务（如自学录音、布置测试等），详细讲解其中的重点和难点内容，使学生能够在此基础上良好地进行自主学习。所以，教师要为学生提前准备好阅读材料、教学视频以及学习任务单等资料，对学生的自主学习进行指导，使学生在完成自主学习之后填写学习单中的各项问题，最后将学习单中反映的问题反馈到 Moodle 平台上。其中要注意的一点是，教师在为学生制作教学视频时，要以学生的学习情况为基础，突出其中的重点和难点内容，并且还要保证教学视频的时长在 20 分钟以内。

（2）课外自主学习模块

课外自主学习模块的教学目标是保证学生的自主学习取得较好的效果。这一阶段的教学目标如果没有达到，那么就无法进行下一阶段的学习，因此教师要格外注意对学生自学阶段进行有效控制。教师通过 Moodle 平台可以为学生提供导学任务单、PPT 和微课程等资料，安排学生在课前观看教学视频和电子课件等内容，按照教师布置的学习任务单选择合适的时间进行自主学习，并在学习过程中记录下来自己遇到的学习问题。教师还可以不时地让学生选取教学内容中的某一个知识点进行讲解，通过录音的方式将其反馈到 Moodle 平台上，这种方式能够充分激发学生的学习热情，并为学生提供内生性的资料，还能为下届学生的学习准备素材。为了解决学习中遇到的问题或者产生的困惑，学生可以建立讨论群和聊天室，与教师或者同学进行讨论和交流，然后教师可以安排学生参加 Moodle 平台的自主学习测试，以此来对学生的自学效果进行检测。自主学习测试应该允许学生拥有无数次的参与机会，并且对测试的效果进行即时反馈，让学生能够即时看到自己的测试成绩；但是测试中的试题和答案要设计为随机排列的形式，以此来使学生进行知识的巩固；测试的时间一般设置为一周可重新进行一次，如果学生对第一次的成绩不够满意，就可以在随后的一周内对习题进行反复的练习，在下一次的测试中取得更好的成绩。这种测试的主要目的是让学生在测试中不断地发现自己的认知盲区，从而对其不断地加以修正，直到自己能够将本节课的内容和知识点完全掌握为止，学生在这样的反复测试中会不断地进行思考，从而巩固已学的知识和内容。

为了能够取得最好的成绩，学生会重复进行多次测试，这样一来，学生对于知识的理解和认识就可以得到有效的加深。事实上，大多数情况下，学生最后全部都取得了满分，从而达到了本阶段的目标。测试的习题类型主要是单项选择题、多项选择题、判断题和填空题。试题顺序随机排列，选择题的选项随机排列，避免学生相互之间投机取巧。由于学生对分数的要求以及平时成绩占比较高，所以开始是绝大部分学生，等到后来才会逐渐扩展到全部学生，这样不仅能够使学生对于学习更有韧劲，还能让学生对于所学的知识达到完全掌握的程度。Moodle 平台会在测试期满后自动公布测试题的答案，让学生结合答案来弥补不足。

（3）课堂活动模块

课堂活动模块一般采用的形式为：集体答疑——确定问题——独立探究——协作学习——交流成果——反馈评价。其中，教师在课堂上要解答学生在自学过程中遇到的问题，并且采取分析典型案例的形式来帮助学生消化所学的知识，其具体又可分为以下两种形式：一种是教师带领全班同学对课堂内容以及遇到的问题进行共同讨论，另一种是教师组织学生进行课堂小组讨论之后在课堂上交流讨论的成果。Moodle 平台可以将学生的学习参与情况以及互动交流过程中发现的问题进行记录，使教师可以通过查看该平台上记录的学生学习任务单和自学测试的结果以及学生自身的反馈来收集学生的问题，最终在课堂上将其进行解决。此外，学生也可以在课堂上将自己在自主学习过程中发现的问题以及没有反馈到任务单中的问题向教师提出来，寻求教师的帮助或者与同伴进行交流。教师要针对学生中存在的主要问题和关键问题进行集中讲解，而对于个别学生出现的非共性问题进行单独辅导。

例如，教师可以在课堂上开展"答记者问"的教学活动。在课堂上，全班学生提出自己在课外自学过程中发现的问题和存在的困惑，由教师来对其进行作答。这项活动的规则是，学生需要在规定的时间内提出自己发现的问题并由教师进行解答，当学生的问题解决完毕或者设定好的询问时间结束后，教师将对学生进行提问，采用随机点名的方式来选取学生回答自己提出的问题，并且根据学生回答问题的情况给出相应的课堂成绩，一直持续到整个活动的规定时间结束为止。由于学生会担心在被提问的环节无法解答教师提出的问题，所以在对教师进行提问的环节中就会将自己存在的问题悉数问出，于是就能营造出活跃、浓郁的课堂学习氛围，使得学生具有高涨的课堂学习热情，进而使学生对原本不清楚的知识点拥有更加清晰的认识和理解。此外，通过这种教学方式，学生提出的问题往往都非常具有针对性，教师也能真正了解学生在学习过程中存在的普遍问题，实现信息的对称交流，避免了课堂时间的浪费。

当然有一些教师会对这种教学活动方式心存顾虑，担心会被学生问到一些自己无法解决的问题，对于这种情况主要有以下两种解决方法：第一，教师首先要对课程相关的知识进行认真钻研，用充盈的知识来为自己提供信心，同时锻炼自己的应变能力，在学生提出自己没有考虑过的问题时保持镇静，做出快速的反应；第二，在遇到自己拿不准的问题时，教师切忌胡乱应付，要秉持"三人行，必有我师"的谦虚心态，对提出该问题的学生加以肯定，实事求是地告知学生自己对这个问题欠缺考虑，可以询问班级中其他同学的想法，引导学生对其进行深入的讨论，寻找相关的资料来对讨论的结果加以验证；如果没有对该问题探讨出答案，教师则与学生在课下查阅更多的相关资料，等到下节课时再对该问题进行研讨。

教师应该正视学生提出的问题，因为这说明学生课前自学内容的完成情况较好，同时体现了学生勇于提出问题的学习态度。有些教师不愿意承认自己在教学过程中存在缺失，那么在遇到学生提出的自己不清楚的问题时，也可以告诉学生这是下节课大家所要重点讨论的内容，让学生课下查阅相关的资料，下节课再对该问题进行解答。

在学生已经基本上掌握了本节内容所有知识点的情况下，教师可以开展下一步的教学活动，带领学生对事先准备好的案例进行分析和研究。为了有效节省课堂的时间，教师可以将案例的难度进行划分，对于较为简单的案例，教师可以采取一对一的提问方式对其进行解读；对于难度适中的案例，教师则可以组织学生与周围的同学进行讨论和分析；对于难度较高的案例，教师可以将学生划分为小组，采取小组合作的方式进行分析。

在对案例进行分析时，教师首先要为学生创建合适的学习环境，以课程的性质为依据，选择合适的教学方法来对教学活动进行设计，如小组合作教学法、知识讲授教学法、同桌互助教学法、答记者问教学法等，充分调动起学生独立探索的积极性。

课内环节的设计也可以选取多种具有新意的教学方式，教师以教学内容为依据，灵活选取合适的教学方法，从而激发学生的学习兴趣。在这个过程中，教师要对学生进行正确、及时的引导，并以学生的课前学习情况为依据，对课堂教学活动进行精心的设计，有效管理课堂的进度，这其中就体现出了教师在学生学习中的主导作用。

（4）课后巩固模块

在完成本节课的学习之后，教师要对学生所学的知识进行巩固和检验，对于掌握不到位的内容还要及时进行补救，以此保证学生良好的学习效果。课后巩固模块采用的具体步骤为：独立解决案例——小组讨论案例——网上讨论——上交作业——验收测试。学生课后的案例讨论小组的学习过程为：学生自己先对案例进行分析，然后小组对其进行进一步的讨论，总结存在的问题，然后通过 Moodle 平台以及各种网上讨论群进行集体讨论和答疑，最后将讨论的结果上交；学生在一节课的结束后要及时进行课后反思，对课堂上学到的知识点进行整理和归纳，并在 Moodle 平台上分享自己的学习心得，对知识进行强化。除此以外，学生还要在课后做相关的拓展练习，以此来巩固所学的新知识，丰富自己的知识积累量。教师要通过 Moodle 平台来查看学生的学习情况，对其进行汇总和点评，在每章学习结束时对学生的学习情况严格把控，使学生产生一定的竞争意识和学习主动性。除此之外，教师还要注意根据学生的学习能力和学习情况对学生进行层次的划分，针对不同层次的学生进行个性化辅导，如此一来，学生就能拥有更加高涨的学习热情，能够更深入地理解知识。

（三）实施翻转课堂时需要解决的关键点

学生对知识的内化需要建立在教师对知识的传授基础上，学生能够有效地掌握教师所传授的知识是进行翻转课堂的关键所在。由于学生的第一个学习阶段采取的是课外学习的形式，所以这个过程需要教师采取合理、有效的手段对学生的课外学习情况进行监督；而第二阶段的学习需要建立在第一阶段学习的基础上，所以教师要格外注重学生第一阶段的完成情况，以此来保证学生能够顺利进行第二阶段的学习。这个过程中存在的问题具体如下：

1. 解决学生的个性化需要问题

教师需要在学生进行课外学习前为学生提供相应的教学录像。税法课程的课时量一般很大，其教学内容是按照注册会计师的考试深度进行的，所以教师要注意录制教学录像这个非常关键的问题，保证教学视频的质量，为学生的课外学习提供优质的资源，这就需要教师拿出大量的精力和时间来准备。考虑到学生在进行自主学习时会对教学视频存在不同的要求，如教学视频的长短、教学速度的快慢等，这是因为学生可能需要利用零碎的时间来进行碎片化知识的学习以及不同的学生有着不同的学习能力，所以对于教学速度的要求也不尽相同。不同的学生对于同一个教学视频有着不同的反馈意见，有的学生可能会认为教学视频的速度过慢，而有些学生则会认为教学视频的速度过快。因此，教学视频的录制需要充分考虑不同学生的个性化学习需求，可以通过教学团队内容合作的方式，让一位主要的教师录制课程的主要内容，让其他教师负责少部分另外内容的录制，同时选择多位教师对内容中的重难点录制不同的版本，从而选择一个学生接受程度最高的、真正实现优质教学资源的共享。

教师可以采取如下途径来解决学生的个性化需求问题：采用多种形式进行教学视频的录制，其中包括的内容有基本原理、案例和难点的分析，思路的拓展等，使学生能够根据自己的学习需要选择合适的资料来进行课外自主学习。

2.设计保证学生课外自觉自学的机制

学生对知识的内化需要建立在教师对知识的传授基础上。因为学生第一个学习阶段采取的是课外学习的形式，所以这个过程需要教师采取合理、有效的手段对学生的课外学习情况进行监督；而第二阶段的学习需要建立在第一阶段学习的基础上，所以教师要格外注重学生第一阶段的完成情况，以此来保证学生能够顺利进行第二阶段的学习。如果学生不能按照安排好的进度完成课外自主学习，其原因可能为个别学生没有树立正确的学习态度，或者是教师没有完全调动起该学生的学习兴趣。面对这些情况，教师可以为其安排具体的任务来驱使学生自觉进行课外自学；教师还可以要求学生对学习成果进行展示，让学生将自己在自学过程中的录音上传至 Moodle 平台上，以供教师检查其学习效果；此外，教师还可以通过课外自学检测的方式对学生的自学情况进行检查，测试的分数要计入学生的平时成绩当中，并且在平时成绩中占据较高的比重，这样就能督促学生认真进行课外自学和自学检测。

如果教师在教学过程中已经采取了以上的方法，但是仍旧有一些学生没有较好地完成课外自学，那么教师就要采取进一步的方式在课堂上进行补救。第一，教师在课堂上对未完成课外自学的学生进行一个简单的知识弥补，具体可以采用答疑和总结的方式对课程的知识点进行总结，详细讲解其中的重点和难点；第二，教师在讲解案例分析中难度较高的知识时要为学生提供指导，引导学生找出解决问题的方法，并且将案例和知识点联系起来进行解读；第三，教师还可以借助案例解析的内容来告知学生一些未来可能面临的现实问题，使学生增强各方面的综合能力，并且在一定程度上调动学生的学习热情和积极性。

3. 解决学生不习惯于课前网上自测的问题

一开始，学生可能会对网上测试存在一些不习惯的地方，有的学生还会出现错过考试时间的情况。面对这种情况，我们不能只是简单取消这些学生的成绩了事，因为我们的教学目的不是对学生进行惩罚，如果学生在进行第一次测试时就因为错过考试而没有成绩，很可能会对学生的学习积极性造成巨大的打击，对学生学好此门课程会产生不利的影响，所以教师可以在第一次测试将要截止的前一天对学生进行提示，如果到了考试截止时间仍未提交试卷，教师就会单独通知该考生并为其开通测试通道，但这并不意味着错过考试的学生就不会受到任何惩罚，这样不仅对其他正常按照考试时间准时参与考试的同学不公平，而且也容易放纵学生退交作业坏习惯的发展。因此，对于这样的学生，教师可以根据给予提示的次数以及迟交的次数扣除其考试分数，如 5 分或者 10 分，这样不仅能使学生保持原有的学习兴趣，同时也能督促其下次准时参加测试或者提交作业。

4. 解决学生不观看学习资料的问题

在进行翻转课堂时会遇到一些问题，如学生不会仔细观看教师为学生提供的教学课件、教学视频以及总结性的资料，或者对教师所提供的这些资料存在大量的疑问等。造成类似问题的原因是，这些学生尚未具备寻求老师帮助的能力或者进行自主学习的能力。

针对以上问题，教师可以采取以下措施：多次对学生进行提醒，并督促学生观看教师提供的教学资料；在第一次上课时为学生播放部分片段以引发其学习兴趣，加深学生对此视频的印象；对没看懂或有问题的同学及时通过社交软件进行答疑；设定固定的解决学生问题的时间，每天按时按点地解答学生的问题，教师最好使用移动终端来进行问题的解答，因为手机携带方便，不受时间和空间的限制。

（四）税法翻转课堂的改革点

1.课堂教学内容改革——基于税收业务流程设计"理实合一、税会对比"的教学内容

我们要按照税收业务流程来进行教学内容的设计，从办税员的岗位职责出发，将办税流程作为指导方向，采取模拟工作任务的方式来进行教学的设计和组织。此外，还要对企业办税员业务岗位的具体工作进行分析，以税务流程为根据，使税务实际业务操作过程和税法课教学之间顺利对接。在实务操作新设立企业时，首先要做的是对税务的开业登记以及发票的领购手续进行办理，然后进行纳税申报工作。因此，我们应该将第一章的内容安排为税收征管程序，使其在讲授税收实体法之前进行。其次，实体税法的重点是流转税法和所得税法，工作中一般按照本企业是否要缴、该缴哪种税、哪些应税所得要缴税、按何税率缴税、缴多少税、如何申报缴纳、会计上如何处理、是否可以不缴或者少缴（纳税筹划）这一思路和流程进行。因此在教学时，教师要根据税种的不同来分别设置不同的教学内容和教学项目，并且按照一定的顺序来对教学内容进行设计，一般其顺序为基本要素、应纳税额计算、税款缴纳、纳税筹划或税务风险规避。我们要以税务流程为依据，对教学内容进行重新整合，以此来使税法原理贯彻于税收操作实务当中，实现实体税种与税收程序、申报实务与账务处理、法条解读与实务操作的有机统一。

根据财会实际工作中税务与会计紧密结合的特点，融入少量会计的内容，特别是强调税法与会计规定的不同点，使学生了解和掌握税法与会计规定的不同，以及二者操作的先后顺序，缩小理论和实际的距离。

2. 教学手段改革——利用信息化教学工具实现"师生交流零距离"

大量运用信息手段和课程教学平台，采用多种教学视频配合使用，有录屏软件录制的视频（可节省学生的学习时间），有教师用电子屏录制的教学视频（有课堂的真实感），有实验课教学视频（可在纳税操作上帮助学生），但都是一对一的教学形式。对于课外学生自主学习阶段，可采用课程教学平台去控制学生的自主学习时间。可选用课程组多位教师分别进行教学，使学生可享受多种形式、多种风格的教学，以避免乏味。在答疑解惑过程中，教师可以大量运用 QQ、微信、Moodle 平台，匹配学生的生活习惯，拉近与学生之间的距离，让学生在任何时间、任何地点都能得到老师的指导。

3. 教学方法改革——"案例为主、六法结合"，培养多角度思维方式

要以企业办税业务的工作特点和流程为依据，对于不同的教学环境和教学内容采用不同的教学方法，如任务驱动法、案例分析法、模拟操作法、对比教学法以及归纳分析法等，使学生不仅能够完成工作任务，同时还能加深对税法理论知识的掌握。教师可采用知识导图对知识进行归纳和总结，并教给学生运用方法，以便学生在今后学习其他课程的时候采用，提高其自主学习的能力；采用图示法厘清各知识点之间的关系，便于学生融会贯通；采用基于问题式和案例法进行教学，以提高学生的学习兴趣；抓住税务处理与会计处理的差异，用对比分析法进行三大流转税比较、两大所得税比较、税法与会计的差异比较、增值税中运费的销项税与进项税比较等多个知识点的比较，使学生抓住要领，加深印象。

4. 学习任务改革——"音、视、问、题、解"，新颖多样的任务调动兴趣

改革学习任务，上交讲解录音，能够督促学生深入学习。上交小组讨论视频，调动了学生的学习兴趣，有利于教师对学生的讨论过程进行控制；要求学生在微信群中提问，并相互讨论，可以互相激发学习积极性，并且真正形成了研讨的氛围；让学生自拟考试题，不仅使学生感到新奇，而且由于学生在出题过程中需要认真思考教学内容，从而达到了促进学生期末复习的目的；解答案例问题，有利于提高学生分析问题和解决问题的能力。

第二节 "互联网＋"时代高校转动课堂改革实践案例

一、转动课堂中教学法的实践应用

（一）对转动课堂教学模式的认识

1. 转动课堂教学的必要性

信息时代对高校师生的学习、工作、生活等方面有着深刻的影响，同时对教师的教学提出了新的要求。教师的教学任务不单是传授知识，而是使学生掌握其学习方法，获得受益终身的学习能力，因此实施转动课堂教学势在必行。

2. 转动课堂教学的含义及目标

转动课堂教学是破除传统单向灌输式的教学模式，它由"精讲、互动、训练"三个要素构成，目的在于培养学生语言表达、协作沟通、自主学习、实践创新等诸多能力。

3. 转动课堂教学的特点

第一，转动课堂是精讲的课堂。教师讲授不超过 30 分钟，讲授的内容是学生自主学习解决不了的问题，学生能自学就会的内容教师不讲，讲了学生也不会的内容不讲。

第二，转动课堂是求实的课堂。由原来"以教定学"转变为"以学定教"，结合学生的实际确定教学内容。

第三，转动课堂是动态的课堂。课堂的学习过程是动态的，教师要善于启发学生去发现、去探索、去争论、去总结。

第四，转动课堂是合作、交流的课堂。课堂开展组内交流、组内研讨，采取小组合作的学习方式，组内分工明确、具体。

第五，转动课堂是思维的课堂。注重学生思维的训练，培养学生的创新思维能力，通过问题导向及课堂中生成的问题引导学生思考、质疑、讨论。

第六，转动课堂是师生双边活动的课堂。学生是课堂的主体，教师是学习过程的指导者。教师应多给学生提供活动和交流的机会。

第七，转动课堂是开放的课堂。学生学习的时间和空间都发生了变化，借助信息化工具，学生可以随时、随地进行学习。

4.实施转动课堂教学应注意的问题

（1）注意转变教学观念

教学模式改革是一项复杂的系统工程，教学模式的实施依托全体师生共同完成。传统的教学模式存在着很大的惯性，要改变师生已经习惯了的教学模式，阻力是很大的。观念指导行动，面对新的教学模式，全校师生必须转变观念、转变认识，否则转动课堂教学模式的改革只会流于形式，只是走走过场而已。

（2）注意转换教师与学生之间的角色

转动课堂教学模式要求教师由主体地位变为主导地位，教师从台前走到幕后，教师发挥指导作用，适时点拨并传授给学生学习方法，学生由被动地位上升为主体地位。处理好教师与学生之间的角色转换应注意以下问题：打消学生依赖教师的思想；在教学活动中，学生唱主角，教师唱配角，充分发挥学生参与课堂教学活动的积极性；若只单方面强调学生的主体性，忽视教师的主导作用，也不能很好地完成教学任务，学生离不开教师的讲述、点拨、引导。

（3）注意兼顾传授知识与育人

教师对学生的人生观的形成有决定性的作用。教师的一言一行，对学生人生观的形成有着潜移默化的作用。

（4）注意教师知识的储备

转动课堂教学模式无论从目标、内容还是从教学方式都对教师的教学水平和知识水平、能力水平等提出了更高的要求，教师只有吃透教材，对教学内容烂熟于心，才能驾驭转动课堂。因此，应加速提升教师的综合素质。

（5）注意教学过程与教学结果的关系

教学结果，即教学所要达到的目的；教学过程，即达到教学目的所经历的程序。在实施教学时，既要注重教学过程，更要注重教学效果，教师不能只机械地执行转动课堂的教学程序，更要及时掌握学生的学习效果，达到过程与效果的和谐统一。

（6）注意教师个人作用与集体力量间的关系

"一花独放不是春，百花齐放春满园。"在转动课堂教学模式下，教师不仅要完成好个人的教学工作，更要注意发挥集体的力量，应注意以下问题：第一，注意教研与科研相结合，针对教学中的共性问题，教研室要开展一系列的教研活动，相互交流沟通，或针对学科研究中的重点问题，教师应相互学习研讨；第二，教师间构建一个资源共享平台，教师随时可以浏览、调用公共资源库中的内容，发挥资源共享的优势；第三，注意学科间的沟通，各学科间的研究是相通的，应该注意各门学科之间的相互渗透和沟通。

（二）转动课堂的教学流程

转动课堂的教学流程一般具备下列教学环节：发送学习资源——发送教学任务——学生自主学习——学生提交前馈—教师批阅前馈——教师课堂验收前馈——教师精讲——师生互动、交流、研讨；生生互动、小组讨论——教师课堂评价——教师案例分析——学生课堂测试——布置作业——教师课外辅导、答疑及批改作业等。具体内容如下：

（1）下发学习资源：开学第一天，教师通过 QQ 群、微信群、E-mail 等方式将全部课程资源，包括课程标准、教案、课件、评价方式及标准等发送给学生。

（2）发送教学任务：在上课前一周发送任务书，任务书应以两学时为单位发送，包含课前自学内容、讨论题、思考题、作业、实践（验）内容等。

（3）学生自主学习：在上课前 2～3 天，学生按时完成自学内容。

（4）学生提交前馈：在上课前一天，学生提交前馈内容。

（5）教师检查前馈：教师在上课前一天，批阅学生前馈内容并赋分，确定教学方案。

（6）检查学生自学情况：上课前 10 分钟，教师要对学生自主学习情况进行检查，并根据学生的回答情况给出评价。

（7）教师精讲：教师集中精力讲解重点、易错点、易混点，每学时的精讲时间为 30 分钟左右。

（8）互动：互动的形式灵活多样，包括师生互动、交流、研讨，生生互动，小组讨论，教师要根据学生们讨论的情况及时给出客观的评价，时间控制在 10 分钟左右。

（9）教师案例分析：教师针对所讲授内容，筛选 4 或 5 道典型题，给予精讲，时间不超过课堂时间的 60%。

（10）学生课堂测试：教师精讲之后，将事先准备好的测试题发送给学生进行测试，时间控制在 5 分钟左右。

（11）课堂答疑及布置作业：教师利用 10 分钟左右的时间对学生进行答疑，最后 5 分钟用于知识点小结及布置作业。

（12）教师课内、课外辅导，答疑及批改作业：教师通过与学生谈话，掌握学生自主的学习情况，及时解答学生提出的问题，定期批阅作业。

（三）转动课堂实施中的重点

1. 教师课堂上如何精讲

首先教师要熟悉教学内容，其次，教师能够对课堂进度进行有效的掌控，确保用 60% 的课堂时间将知识要点准确地讲出来。教师按时完成精讲的前提条件主要有以下两点：

（1）撰写精要的教案

第一，教案由教师集体研究、集体备课，再集体研讨制订。应以能力培养为导向来编写，鼓励学生积极参与，引导学生自主学习，小组合作探究，优化发展学生能力。编写教案要考虑学生的实际情况，以学生的情感目标、知识目标和能力目标为出发点和落脚点。第二，教案的撰写方式要不断改进，以增强其适应性。既要分析学情，又要考虑生情，教师要主动去了解学生，也要花时间对课堂进行研究，使得课堂内容能够更加吸引学生的兴趣，使得教案能够更贴近实际，和学生的生活更加贴近。第三，及时反馈学习效果，修订、完善教案。要求学生课前做好反馈，方便教师提前了解学生的易混点、易错点、易漏点和易忽略点，并以此确定课堂讲授的内容。第四，编写弹性教案。转动课堂有许多的不确定性，教师要积极地观察，随时掌握课堂上的各种情况，并根据学生的课堂表现灵活调整教案。第五，分解教材内容，重组讲授内容。教材是教师落实教学大纲、实现教学计划的重要载体和主要依据。教师需要对教材内容加工、提炼，教师必须在掌握学情、生情的基础上去分解教材，确定符合实际的教学内容，并按照教学大纲将教材分解为教学模块、教学单元，根据课程标准提出教学的目的和要求，围绕学生的实践能力培养目标调整、重组讲授内容，要求讲授的内容要符合学生的实际情况，将易混点、易错点、易漏点和易忽略点作为课堂精讲的主要内容。

（2）设计精确的课堂教学过程

整个教学过程主要由前馈验收、精讲内容、小组互动学习、典型案例练习等要素组成。教师在进行课堂授课时，需要注意教学情境的创设以及教学手段的运用，创设情境可以解决高度抽象性问题，教师从学生的生活经验和已有知识出发，创设各种情境，为学生提供良好的学习环境。而教师在运用教学手段时，既要考虑现代化教学手段的运用，也要注意传统教学手段的恰当使用，现代化教学手段能提高教学效率，激发学生的学习兴趣，传统的教学手段起辅助作用，各种教学手段的密切配合才能发挥更大的作用。

2. 体现教师的主导作用

（1）课程整体方案制订过程中体现教师的主导作用：由教师制订教学目标，制订评价标准。

（2）课前自主学习体现教师的主导作用：教师确定学生的前馈内容并对出现困难的学生给予指导。

（3）课上精讲体现教师的主导作用：由教师完成讲授内容。

（4）课上互动体现教师的主导作用：教师决策每节课的互动内容、形式以及互动时间，另外教师也可根据授课中出现的具体问题展开互动。

（5）实践教学过程体现教师的主导作用：教师利用课内实践教学对学生在学习中出现的问题给予及时解决，教师还可指导学生参加专业大赛。

3. 划分学习小组

教师给学生分组时，应注意学习成绩好与差的搭配，力争做到每组学生学习成绩分布大体相同，避免小组成绩出现两极分化的现象，每组人数 6 人为宜，为了使每名同学都能得到锻炼的机会，实行组长轮换制度，小组长每两周轮换一次。

4. 制订学生自学任务书

任务书以每次课的教学内容为单位进行设计，包括前馈内容、教学目标、思考题、讨论题、课堂测试、考核标准、评价方式、课后作业等，注意前馈内容、作业的数量要少而精。

5. 保证学生自主学习的质量

由教师根据教学内容，对学生提出前馈内容、学习方法以及达到的目标，并利用上课前 10 分钟验收学生自主学习情况，还可通过与学生谈话、交流的方式对学生的前馈情况进行摸底，促进学生自主学习。

6. 开展小组合作学习

小组合作学习是学生共同进步的基础，要保证课堂互动质量，在授课前，教师必须要对本节课互动的形式、内容有清晰的安排，由教师控制小组互动的时间。另外，教师依据小组互动情况、学生参与度情况给予恰当的评价。

7. 保证实践教学的质量

在转动课堂教学模式中，学生的实践教学分为课外实践教学和课内实践教学，课内实践教学最好由学校统一规定学习的时间和场所，这样有利于教师完成课内实践教学，一般在上课之前的前两天为宜，答疑与评价相结合，学生参与答疑的次数每学期不少于答疑学时的一半。同时，教师课外实践教学的时间安排要合理，教师对学生在学习中出现的困难要给予及时的关注和解决。另外，教师应积极、主动地参与、指导学生的各项赛事活动。

8. 防止前馈、作业、测试卷的抄袭现象

为了杜绝学生间互相抄袭，制订如下规则：抄袭一次扣 5 分，抄袭两次以上本门课平时成绩按 0 分记，并及时通报扣分情况。

9. 确保学生成绩的公正、公平、公开

对学生取得的成绩给予定期公示，可以每两周公布一次成绩，分数落实在平时，确保学生成绩的公正、公平和公开。

10. 避免依靠平时成绩就能拿学分的问题

教师在平时赋分时，应拉开档次，存在合理的梯度。另外，对于期末卷面成绩低于 10 分的学生，不允许参加此门课程的补考或重修。

二、在超大型课堂中实施转动课堂

（一）超大型课堂的互动难题及其表现

1. 互动难题的出现

在心理学、教师专业发展、政治课和英语公共课等课程的教学过程中，学生人数特别多，少则 100 人，多则 200 人。在这种课堂上，点名都显得困难，更别说在教师和学生之间、学生和学生之间进行及时有效的信息交流和深度反馈了。在这种传统课堂上时常出现信息交流、反馈方面的困难，即所谓的超大型课堂的互动难题，简称互动难题。

在澳门大学举办的年度教学培训中，他们的培训安排就是围绕大型课堂的互动问题展开的。授课老师有美国、英国大学的教授，也有我国澳门大学的教授，大家都遇到了互动的难题，即使在英国和美国这样提倡小班教学的国家也是如此。与我国类似，互动难题在通识课上尤其容易出现，而在专业课上则出现得比较少。与我国不同的是，学生人数达到五六十人时，他们的老师就觉得难以驾驭了。

2. 互动难题的表现

从本质上看，互动难题是信息交流缺乏导致的综合征，其典型表现有以下四点：

（1）信息的单向流通

在极端情况下，连最基础的信息交流都没有，课堂上的信息流动是单向的，而且仅仅是知识从老师流向学生。学生的理解情况、掌握情况在课堂上缺乏反馈回路。

（2）信息交换不及时

一个有 150 名学生的课堂，点名都需要好几分钟，知识信息的交换更是不及时。如果老师想把注意力覆盖更多的学生，基本就成了不可能完成的事。

（3）师生难以形成学习共同体

由于缺乏交流和沟通，师生之间缺乏相互体谅和信任，甚至连基本的信任都没有，老师对学生的影响甚微。老师认为学生不认真，学生认为老师教得不好，很容易陷入恶性循环。

（4）缺乏对学生的有效约束

在这种课堂上，即使老师愿意和大家深入交流、探讨某个问题，但是学生缺乏意愿，不愿意卷入，而且可以轻而易举地拒绝老师的提议，但老师对此却无可奈何。

对于大部分学生而言，这样的课堂只是来过，任何痕迹都没有留下。对于老师而言，这样的课堂只是讲过，学生什么印象也都没有。

（二）互动难题的成因

互动难题形成于课堂——教师——学生——环境这个时空系统中，其原因也根植于其间。具体来说，互动难题的形成可能有以下几方面的原因：

1.教师方面

教师在互动难题的形成中可能是主要的原因。教师身上的很多方面都可能跟互动难题有关，但教师在教学设计中没有充分考虑互动以及教师缺乏互动的意识和知识是三个相对更直接的原因。

（1）教学设计中没有给互动留下足够的机会

简单来说，就是教师在上课时没有安排互动，或者安排的互动比较少，或者安排的互动都是浅层次的，难以引起学生的兴趣，或者安排的活动并不是互动。

（2）教师缺乏互动的意识

从根本上讲，互动难题在于教师缺乏互动的意识。授课教师的学习经历就一直是老师讲学生听，本身受的训练也是老师讲学生听的模式，他们甚至觉得互动没有必要，认为那纯粹是浪费时间。

（3）教师缺乏互动所需的知识

教师也缺乏完成互动所需要的知识，包括方法、技巧和经验。对一个甚少见到互动也缺乏相关训练的教师而言，仅靠行政命令是很难让他动起来的。因为他根本不知道怎么操作。

2.学生方面

在师生关系中，学生并不总是被动的，他们完全有主动的机会，但他们往往都不会主动，其主要原因可能有以下几点：

（1）缺乏独立思考的习惯

一些习惯于应试教育的学生容易跟从别人，缺乏独立思考的习惯。他们甚至不会去思考这门课的性质是什么、应该学到什么程度、应该如何应对等。例如，在期末时老师说教育学、心理学是必修课，而且将来入职考试常常考，他们惊讶地问老师，为什么不早点说。其实早就说了，上课开场白时老师就强调过，培养计划里也白纸黑字地写着，只是因为他们听说这个课非专业课，就理所当然地认为它不重要。所以，很多人其实不会独立地思考他在大学里应该达到一个什么状态这样的问题。

（2）缺乏积极主动的精神

大型课堂并不是我国独有的，也不是某个高校独有的，为什么在有的地方即使是超大型课堂，如300人的课堂，他们也能进行一定的互动呢？主要靠的就是学生的主动精神，学生自己会主动、积极地思考，提出问题，不停地问老师。所以，即使老师想满堂讲，在有学生提问的时候，也会互动起来了。

3.环境方面

公开课学生多，常常需要技术的有力支持才行。然而，现有技术有时也让人哭笑不得。投影仪的老化还算是好的，那麦克风和电脑相距五六米，就是不能"会师"，要拿话筒，就不能操作电脑；要操作电脑，就不能用话筒。有的麦克风和音响系统的音质不好，一讲话就"嗡嗡嗡"，大家听着都难受。由于技术的落后，教室里的很多设计其实都不利于互动，反倒利于不互动。

（三）互动难题的应对

互动难题的应对需要系统化的措施，换句话说，要让课堂——教师——学生——环境这个时空系统变成一个有机的系统，能够自我演化，不断更新。其中最重要的一点是，让信息能够在这个系统中自由流动起来，将系统中涉及的各个要素卷入其中。因此，需要有可以流动的信息，有可以让信息流动的通道，有可以清除阻碍信息流动障碍的策略，以及相应的环境与技术支持。根据这个思想，本书提出如下应对措施：

1. 以任务将课本转变成流动的信息

教材上的知识点无外乎分为历史信息、方法学、概念、判断，以及由若干判断组成的规律。然而，并不是教材上的所有内容都是可以流动的信息。教材内容只有活化成一个需要由师生多方可以参与完成的任务时，它才能变成一个可以流动的信息。

在这个例子中，任务的特征很明显。第一，它很有挑战性，大家天天跟人打交道，可是要给人下定义却很困难。第二，它很有趣，很多看似正确的定义，其实都经不住逻辑的推敲。第三，它恰好符合概念形成的过程。第四，可参与性广，人人都可以发表意见。第五，它还符合学习的生成性特点。在论辩过程中，每次都会出现不同的意见，让师生都有收获和启发。

这个任务也可以将相关的心理学实验加以改编。比如，可以通过描述很多特征来让同学们判断这个人是谁。在每个特征被描述后，学生们都会被告知该特征是否属于那个人，如此反馈循环。但显然，这个任务设计的可参与性就变得很低了。

然而，每个学科概念都要找到或设计出这么一个合适的任务，确实是一个非常具有挑战性的工作。一个相对容易的做法是，按照布鲁姆的学习目标分类，将每个知识点进行分类处理。布鲁姆将学习目标分成记忆、理解、应用、分析、评价和创造等类型。比如，若把上述过程形成这个概念的学习定位为记忆，那么就可以设计一个比赛记忆的任务；若定位为理解，就可以让学生来举例说明；前述做法似乎是将其定位为应用与分析这类目标。在澳门大学的课堂中，美国来的教师会不断地用不同的目标去挑战学生，刺激学生的思考；也有的教师会根据学习目标分类设计一些灵活的小任务，让小组同学当场完成，然后分享。

2.疏通学生这个关键节点

当老师具备互动的意愿时，课堂互动很可能会卡在学生那里。因此，学生是信息流动的关键节点之一。根据前面的分析可知，学生动不起来的原因是缺乏独立思考的习惯，缺乏令其困惑的问题，缺乏积极主动的精神。解决的办法是在授课初期对学生进行如何上课的教育，这有点类似于新生入学教育，目的是让他们学习养成合乎转动课堂要求的上课的"常规"，可以称之为转动课堂常规教育。其教育的主要内容如下：

（1）提问的重要意义和简单技巧

提问具有非常重要的意义，我们可以用爱因斯坦的一句话进行概括。爱因斯坦说过："提出一个问题往往比解决一个问题更为重要，因为解决一个问题也许只是一个数学上的或实验上的技巧而已。而提出新的问题、新的可能性，从新的角度去看旧问题，却需要有创造性的想象力，而且标志着科学的真正进步。"① 提问的简单技巧包括：在生活中多问几个为什么，不做好或不好的判断；在无疑处起疑，将风马牛不相及的事物联系起来，问问其联系。在课程学习的过程中，最简单的提问方法是将教材上的各级小标题变成疑问句，然后问自己"我掌握了吗？"当拿到一本书的时候，可以问问自己这本书所讲的基本问题是什么，它用什么方法回答这些问题的，主要结论有哪些。还可以问，这本书哪些是我已经掌握的，而哪些是我尚未理解的。有了这些基本知识，提问就会变得容易起来，独立思考也就可以触发了。

（2）课前预习的意义和操作

教材，特别是师范生的教材，多是与学习有关的。只要认真预习，是很容易找到疑问的。比如，我们天天在学习，可学习是什么呢？如何下定义呢？这样的问题在心理学和教育学中大量存在。学生之所以没有疑问，主要是缺乏预习和思考。教师在上课过程中，应该每次都制订明确的预习材料和范围，以便查验。在课前预习中，学生就可以利用好提问技巧，提出大量的问题来。事实上，大家都知道高中生学习时，会被要求完成"预习——课堂——复习——考试"完整的学

---

① ［美］阿尔伯特·爱因斯坦，［波兰］利奥波德·英费尔德.物理学的进化 [M].万山，译.北京：台海出版社，2021.

习环节，而很多大学生已经丢掉了这个对基础知识学习最有效的过程，高校老师大多对此也不做要求了。最近大家已经意识到不重视完整的学习环节是错误的。澳门大学是参照英美的教育体制运作的，他们特别重视完整的学习过程，每周都有作业、阅读材料，一学期还有几次小测验，还要做项目学习展示。这样一对比，我们就知道之前的做法确实是错误的，大学生上课，不光是带两只耳朵去就能完成的事情，需要付出极大的努力。

（3）以考核制度保障学生积极参与

学生不积极参与主要是缺乏对他的硬性约束，学不学一个样，努力不努力一个样。转动课堂的实施注重过程考核，可以以新的考核制度保障学生积极参与。将提问、预习、课堂参与、小测验和项目展示等影响学生参与和学习效果的关键环节列为考核的重点，用任务和分数驱动学生积极学习。例如，提问、预习、课堂参与、小测验和项目展示可以各占10%的平时成绩分数，并按照需要适当调整。

3. 寻求先进技术的支持

在我国的超大型课堂中，音响、麦克风和网络是影响课堂信息流转的关键物资设备，也是影响转动课堂的基底。

（1）音响

音响的音质是非常重要的。站在讲台上，教师大部分时候还感觉不到音响的重要性，因为自己讲的时候其实很少去注意它。但当其坐在同学中间时，差别就出来了。

（2）麦克风

麦克风的位置现在基本是固定的，这个限制了教师的活动范围。有的位置很"怪异"，和电脑操作台天各一方，二者无法兼顾，不知设计者是何用意；另外一个方面，麦克风的数量太少，学生发言时，如果不借助麦克风，其他人根本听不见。试想，这样怎么能传播信息？因此，教室里应该适当添加可以移动的麦克风，以支持学生发言。

（3）无线网络

在"互联网+"的时代里，如果还抱残守缺，忽略网络的作用就显得不是那么明智了。比如，现在可以开发这样一个 App，把要问的问题放在网页上，学生用手机即可作答，而且可以在几十秒内统计出各个选择所占的百分比。也就是说，借助手机 App 就可以很快地将学生掌握的信息收集起来，并呈现出来。这样，流出去的信息才能流回来，才能形成闭环，实际上实现了一次完整的学习信息交流和反馈的过程。事实上，这些都是可以实现的，关键是看有没有决心和信心。

三、以"中国近现代史纲要"课程为例实施转动课堂教学模式

（一）"中国近现代史纲要"课程实施转动课堂教学模式的必要性

教学活动最根本的目的就是使教学过程得到最大限度的优化，同时取得最佳的效果。教学过程主要包括两个关键环节，一个是"教"，一个是"学"，这二者互相联系，都要取得理想的效果，最终才能达到教学目的，因此教学过程中必须有一个与课程恰到好处且能够带来实际效果的方式方法，使学生产生情绪高昂和智力振奋的内心状态，教学效果才能事半功倍，才能增强思想政治理论课教学的吸引力和实效性。

（二）"中国近现代史纲要"课程实施转动课堂教学模式的方式

"中国近现代史纲要"转动课堂教学模式的方式主要包括小组合作、课堂讨论、校内外教学实践、影像资料学习、教师讲授补充等相结合，课堂活动形式丰富，课堂教学内容充实，使得学生的主体地位和教师的主导作用都得到了充分的显现，学生逐渐参与到教学活动当中，从被动者变为参与者，对于历史知识的学习和接受也不再是单纯地被动接受，而是通过各种活动主动对其中的内容进行探索和追寻。

1. 学生合作研讨式

"中国近现代史纲要"课实施"学生合作研讨式"教学模式，是一种学生参与课堂教学，以学生学习小组为主体，学生代表上台演讲，教师辅导、点评的教学模式，实际操作共分三步。第一步，以小组为单位，组织学习研讨，集体完成研究成果，并在班级中展示研讨成果。具体做法是：首次课要完成分组和确定研

讨题目，随即开始着手准备。研讨小组一般 5～10 人一组，各研讨小组选择老师布置的研讨题目，小组长安排好各自分工，要求全员参与，老师根据所选题目与教学章节基本吻合的情况下，相应地安排研讨时间，一般提前一周通知。第二步，操作流程。合作小组协作，共同备课、撰写教案，查阅大量的资料，对课程内容进行充分的了解，等整个课程设计进度完成之后，可以进行课件的制作，然后再推选代表进行演讲，一般发言时间控制在 10 分钟之内。第三步，评分标准。学生合作研讨占平时成绩的 20%，其中老师评分 10 分，自评 5 分，学生评委 5 分。

评分要求主要有以下几方面：第一，自评。根据个人实际参加学习情况在表格中填写 PPT 制作、主讲、讨论交流发言、收集资料等内容并打分。第二，学生评委和老师评价。主要看该组成员在汇报合作研讨成果时，发言内容是否丰富、准确，有无知识性错误；多媒体使用是否合理、科学，操作是否规范；精神是否饱满，语言是否规范、清晰、流畅、有条理；听课效果是否良好，如互动、听课效率等；选题内容、观点阐释和研讨形式若有创新的，可额外加分。第三，参与评价的学生每次可随机产生 7 名或 9 名，同时要做好学生合作研讨的管理工作。

实施学生合作研讨式教学模式时，教师在操作上一要坚持"因材施教"的原则，教师对学生进行辅导，包括演讲方式方法、技巧等。二要确定学生演讲的题目，题目选择应呈现出多样纷呈的特点，有中国近现代史人物评价、学生比较感兴趣的历史上的热点、重点问题，从而引导学生走进历史、认识历史、感悟历史、评价历史，对历史进行总结和分析，使得学生可以提高自身分析问题的能力，提高自己的认知能力。三要坚持"互动"的原则，即学生与学生之间的互动，主要是演讲学生与本小组学生或其他学生之间的互动。四要坚持教师点评的原则。学生研讨结束后，任课教师随堂点评学生代表的演讲情况，既要肯定其优点，又要指出其不足和今后努力的方向，对争论比较大的问题给学生一个准确的概念，及时化解学生的困惑，教师点评是演讲活动中的重要环节。

合作研讨只是教学模式中的一种，除此之外教师还要对教学录像进行仔细筛选，提高教学录像的质量，选择一些能够引发学生思考和共鸣的影像资料，同时还要包含课堂上所讲的知识点，使得学生能够对课堂上的内容产生更加深刻的理解，能够对相关的理论内容进行阐释，从而使得他们对知识产生自己的理解，并将其内化于心，使得"中国近现代史纲要"课的教化功能得到发挥。同时，在教学中还应实施课堂讨论式方法、教师讲授与影像资料相结合等，这些方法功能互补并互相强化，能够提高教学吸引力和实效性。

2. 实践教学式

重视实践教学，知行合一是重要的方法，"知"是理论，"行"是实践，"知"是"行"的基础与先导，"行"是"知"的目的与归宿。在学习过程中结合丰富多彩的教学实践，能够使大学生对中国近现代历史有更加全面的认识和掌握。在教学实践部分，要求学生分组参加，实践小组基本上就是合作研讨小组，学生依据教师提出的社会实践项目和要求展开实践活动。一是调研发生在学校或身边的一个事件或学生关注的社会现象，期末提交调查问卷或调研视频及照片，撰写调研报告。二是组织学生积极参加活动，比如参观各种革命纪念馆、历史博物馆、革命旧址和遗址、红色景区、革命先烈的故居等，并对其进行充分调研，以报告的形式将调研的成果呈现给老师和同学们。通过这种实践活动，不仅使得学生的眼界打开了，也使得教师能够对历史和现实进行深入的思考，对于师生而言，实践的形式都是非常直观的。社会实践教学还有一个重要的环节就是考核，通过考核的形式不仅能让学生重视起来，还能够体现公平公正的原则，使得学生对实践更有热情，并积极参与其中，提高其素质和能力。

（三）"中国近现代史纲要"课程实施转动课堂教学模式的意义

俗话说，兴趣是最好的老师，有了兴趣的引导，学生才能积极参与到教学活动当中，使得教学活动达到理想的效果。转动课堂教学法的主要方式是学生合作研讨，学生可以通过交流来进行知识的交换和传递，通过沟通来加深对课堂学习内容的理解。教学形式之一就是演讲，演讲自古就有，在演讲中可以将知识传递给听众，生动地对课程内容进行讲解，同时加入演讲者自己的主张和见解，使得其他学生了解到应该如何获得这类知识。好的演讲有一个特点就是每一次的演讲都有其特殊的形式和风格，并且难以进行模仿，主讲人态度和观点的不同和变化，哪怕是同一张演讲稿，也会讲出不同的效果。以往都是教师一个人在讲台上传递知识，一直使用同一种方式，使学生感到疲劳，无论是在视觉上还是听觉上都产生了厌烦的情绪，这就不利于课程的进行，所以学生合作研讨式转动课堂教学法可以使学生感受到新的元素，对课程会产生一种好奇心，同时这种教学法也有利于培养新型的复合型人才，提高学生的技能和能力，提高学生的素质，有利于其全面发展。演讲的过程需要小组成员的积极参与，其过程主要包括选定题目、资料搜集、整合内容、分析逻辑、制作课件等，最终在讲台上进行演讲，将自己的观点表达出来，这个过程虽然需要耗费精力，但是最终在成功完成的时候，会让学生收获满足，更重要的是学生得到了锻炼，学生可以更加自信地展示自己，分析问题的能力也会得到提高，对这次演讲的活动留下深刻的印象。不仅如此，课堂气氛也会更加活跃，师生之间的交流和互动也会更多，比起传统的教学模式，也会进一步促进师生之间的关系，"中国近现代史纲要"课程会更具吸引力，不仅进行了历史的传承，而且加强了对学生爱国主义思想的教育。

四、以"高校体育网球课"为例实施转动课堂

（一）构建网球教学体系

1. 培养目标

了解网球运动的基本理论知识，掌握发球、底线击球等关键技术，会组织比赛，能胜任裁判的各项职责，懂得网球礼仪，了解网球运动损伤的预防与救治，可以尝试对网球运动的文字、影像进行报道，提高身体、心理素质，能在网球比赛中担任某些角色。

2. 教学内容

网球基本技术、战术，组织，裁判，网球礼仪，医疗常识，身体素质练习。

3. 教学模式

转动式、角色体验式、平行递进式、成功体验式、实战式。

（二）设计实践环节

1. 第一课堂课内课堂

（1）利用网络平台做好课前准备。教师先在网上搭建信息平台，告知体育部网页，利用信息平台提前布置学习内容，课前布置预习内容，在课上可以对学生预习的情况进行大致的了解，对学生的基本知识和技能进行检测，并且能够从中发现问题，及时指导学生改正，或者将学生不理解的地方逐个记下，到正式讲课的时候再一起解决。要在教学大纲中将重难点标注出来，不仅如此还要包括学生不熟练以及不理解的知识和内容。可以先通过小组的形式进行讨论，初步解决一些疑难问题，之后教师进行提问，通过师生互动加深对知识理论的理解，还有一些普遍模糊的知识，教师可以进行集中讲解纠正，这样不仅使得学生的能力能得到锻炼，还使得他们更愿意进行自主学习，激发了学生的积极性，让他们更愿意动脑思考，也更愿意动手实践，对知识的理解程度就会更深。

（2）角色安排与扮演。在技术、战术教学中，学生可以体验教练、运动员的角色，互教互学，完成课堂教学内容；组织、裁判、网球礼仪、医疗常识教学中，学生体验相应的角色，互教、互学、互评，期末阶段举办模拟赛会，由学生担当其中的各种角色。

（3）平行递进式教学。重点技术按小步子模式同时教授与练习。

（4）成功体验式教学。对难点技术设置目标，对接近或完成任务的同学给予鼓励。

（5）实战式教学。对某些技术、战术实战片段，模拟反复练习。

上述教学模式相对有针对性，看似独立，但在实践中相互交叉，相互渗透，每次课都要同时运用。

2. 第一课堂课外课堂

（1）任务布置。利用信息平台或课上，教师对课外需要学习、预习、了解、拓展的内容进行布置。

（2）任务完成。学生通过图书馆、网络、教材等知识源查阅相关知识进行学习、预习，利用场地器材进行课外练习。

（3）反馈评价。课上，教师通过学生讲授与练习了解学生对知识的掌握情况，学生利用信息平台反馈给教师完成情况，教师对了解的情况进行分析并给予评价，也可引导学生互评，注意要重点把握正面鼓励，调动保护学生的积极性。

3. 第二课堂

利用信息平台，师生相互交流网球课以外的内容、针对学生的兴趣和爱好、活动内容相互研讨，教师要及时依据学生反馈的信息给予正面指导。

（三）具体范例

1. 上手平击发球——转动式

课前：教师对上手平击发球技术环节、动作要领、练习方法、易犯错误等知识点进行布置，要求学生利用网络进行预习，强调下次课由随机点名的同学担任主讲并进行评议。

课上：教师宣布本次课的任务，开始学习以下各项内容：

（1）技术环节

教师示范后点名×××同学讲解，×××同学补充评议，应回答出：握拍方法、持球、站位、准备姿势，引拍抛球击球（蹬地、转体、收腹、鞭打、挥拍）随挥姿势。评议的同学对主讲同学遗漏或错误处进行补充点评，最后教师进行结论性点评并答疑。

（2）动作要领

教师请×××同学讲解，×××同学补充评议，应回答出：握拍方法为大陆式、东方反手式；持球为端杯式，站位于底线外；准备姿势是两脚前后开立，左脚对右侧网柱、侧对场地，左肩对左侧网柱，双手下垂持球于拍颈或拍面上，上体前倾，目视发球方向，重心后移；引拍抛球应反弓身，拉拍直臂抛球至左肩前上方；击球要蹬地、转体、收腹、鞭打、挥拍；随挥应将球拍挥至身体左侧后下方，右脚落于体前。评议的同学对主讲同学遗漏或错误处进行补充点评，最后教师进行结论性点评、答疑。

（3）练习方法

教师请×××同学讲解，×××同学补充评议，应回答出：分解法、无球挥拍练习、完整法、重复法等。评议的同学对主讲同学遗漏或错误进行补充点评，教师结论性点评、答疑。

（4）易犯错误

在练习一段之后，教师示范后点名×××同学讲解，×××同学补充评议，×××同学做动作，对照正确动作查找错误，在不同环节上都会发现错误，其他同学评议×××同学，对主讲同学遗漏或错误进行补充点评，最后教师进行结论性点评，答疑纠正。

课后：按课上布置复习、预习任务进行复习和预习，为下次课做准备。

2. 比赛——角色体验式

课前：教师对比赛所应具备的角色能力，如运动员的技战术能力、教练员的安排指导能力、医务人员的防护常识、裁判员的职责和执行能力、观众的礼仪常识、记者的采编常识等知识点进行布置，要求利用网络进行预习，下次课由报名的同学担任各种角色完成。学生通过图书馆、网络、教材等知识源查阅相关知识进行预习，利用场地器材进行课外练习。

课上：教师组织分工，学生按自己的角色进行准备，由主裁判主持赛程，其他角色各司其职。

教练员：与运动员分析对手的战术、心理特点、体能情况，安排运动员的练习任务及休息时间。

运动员：配合教练员研讨，与运动员分析对手战术、心理特点、体能情况，适当做好准备活动，有针对性地进行赛前练习，注意调整好自己的体力。

医务人员：了解天气、场地等自然条件，准备好对擦伤、扭伤、拉伤、摔伤、中暑等的救治物品与方法，监测运动员的临场状况，并能提醒预防。

裁判员：其一，主裁判。组织运动员挑边、宣告挑边结果及比赛开始、准确判定、正确呼报、控制比赛进程。其二，司线员。及时判断、呼报、手势。其三，拾球员。及时捡球、传球、递球，为球员服务。

记者：文字报道：正确、新颖，有特点地撰写报道文章；图片报道：抓拍新闻点，为自己的作品配题；音像报道：拍摄赛况、剪辑、编辑。

3. 接发球——平行递进式

课前：教师对发球、接发球技术环节、动作要领、练习方法、易犯错误等知识点进行布置，要求利用网络进行预习，强调下次课由随机点名的同学担任主讲和进行评议。

课上：教师宣布本次课的任务。

（1）复习发球技术常规练习。

（2）复习底线击球技术常规练习。

（3）学习接发球技术：按照发球技术教学过程进行，教师示范后请×××同学讲解，×××同学补充评议，技术环节应回答出：握拍方法、准备姿势、小跳步接正（反）手后摆拉拍、挥拍击球、随挥。评议的同学对主讲同学遗漏或错误处进行补充点评，最后，教师结论性点评、答疑。动作要领：应相对应技术环节讲出合理的动作过程。练习方法：应讲出模仿法、重复法等。

（4）综合练习：发——接发——底线对打循环练习，将三项关键技术放在一项练习内容当中，学生可以根据自己的需要有侧重地选择练习内容，生生间、师生间进行交流，扬长避短，三项技术同时指导，学生同步提高。

课后：按课上布置复习、预习任务进行复习和预习，为下次课做准备。

4. 截击——成功体验式

按照发球技术教学过程进行，课前告知预习截击技术，课上教师示范后请×××同学讲解，×××同学补充评议技术环节、动作要领、练习方法、易犯错误等知识点，最后，教师结论性点评，答疑纠正。

练习：底线对前网，每当网前队员截击成功一次，教师或同组队员用喊"好"作为鼓励，帮助练习者树立信心，鼓舞其他学生勇敢抢网，让学生们在助威声中体验成功的快乐，提高学生们对技术学习的积极性，教师适时点评。

课后：按课上布置复习、预习任务进行复习和预习，为下次课做准备。

5. 底线直线击球——实战式

按照发球技术教学过程进行，课前告知预习底线直线击球技术，课上教师示范后请×××同学讲解，×××同学补充评议技术环节、动作要领、练习方法、易犯错误等知识点,最后,教师结论性点评,答疑纠正。

练习:先做底线对前网直线练习,然后进行发——接发——对打分组循环练习,要求发球员在发球后上网,接发球员打入并尽量打出直线球,力求穿越,对打中各名学生尽量回击出直线球,发、接、截都有练习,使得练习接近实战,教师适时点评。

6.体育理论(第一课堂课外课堂——转动式)

课上:教师布置体育理论的内容和范围,学习思路:含义——意义——作用——举一反三。

课后:学生自学,信息反馈,师生讨论点评。

以后的课堂:师生在以后的课堂上也可以当面交流。

7.中长跑——转动式

课前:教师分析有关中长跑练习中会出现的胸闷气短、腿脚无力、枯燥多汗、中途退却等现象,布置在体育理论中学习"极点现象""第二次呼吸"以及跑步对人体健康的意义、良好意志品质的形成、合理的体力分配、比赛战术等内容。学生通过理论学习,加深对中长跑的认知,并在课下做好精神与身体的准备。

课上:教师与学生研讨对中长跑的认识程度,共同做好准备活动,安排一定距离的运动量(先短后长),要求达到一定的运动强度(1000米跑,先长时间后缩短时间),针对练习中出现的各种生理、心理现象,结合体育理论知识分析解剖,鼓励学生克服内外界困难,完成练习任务,师生交流研讨提高目标难度,制订练习计划。

课后:学生练习,反馈练习经历、体会等信息,教师依据反馈信息加以指导。

8.课外活动(第二课堂)

学生在课外练习体育理论与实践内容,利用信息平台相互交流,如早、间操活动情况,赛场运动情况,小组游戏情况,个人练习情况都可以制作成图片、小视频等反馈给教师,教师针对运动中出现的问题,在生理、心理、技术、战术、卫生、安全、文明等方面提出指导意见。

（四）总结

经过一学期的教改实践，课题组理解并运用转动式课堂教学的精神，做了以下工作：

（1）围绕本专项课程，重新构建了体育教学体系。

（2）尝试建立并利用信息平台，拓宽了信息反馈与沟通交流的渠道。

（3）对具体教学实践内容按转动课堂教学模式进行了精心设计。

（4）在实际课堂教学中执行了教学设计，对转动式教学进行了实践探索。

（5）对课外课堂进行了回馈与指导评价。

（6）对开展课余文体活动即第二课堂进行了沟通指导与评价。

总之，在转动课堂的实践中，我们进行了实践探索，拥有了宝贵的经验教训，今后在与学生的交流中应注意尊重学生的想法，认真倾听学生的心底呼声，多鼓励、少非议，把握教学方向，努力使转动课堂教学实践做得更好。

第三节 "互联网＋"时代高校慕课混合式教学课堂改革实践案例

下面以云南大学的慕课混合式教学模式的实施为例，进行具体分析。

一、云南大学的慕课应用和课程资源建设

高校在教学信息化建设过程中需要注重秉承以教学为中心，深入教学内容，紧密结合教学过程，创新教学模式的理念，全力推动信息技术与教育教学深度融合，除引入国内外先进高校的教学平台和网络教学资源外，还应结合本校实际，自主设计和开发网络教学平台与教学信息化应用功能，持续进行教学资源库建设，覆盖全校公共课教学的全程数字化，建立并不断发展完善网络化的教学模式。云南大学已经在省内率先引入慕课（MOOC）课程平台，并在慕课的混合式教学模式和学分认定机制的基础上，持续推进和不断完善基于慕课的 SPOC 教学模式，根据本校的教学需求，积极开展基于 MOOC、SPOC、翻转课堂、智慧

教室、教育云、教育大数据等新兴信息化教学环境的教学设计、教改研究和环境构建，积极面向全省高校推广慕课教学模式，充分发挥云南大学的地区性引领作用。

云南大学进行的教学改革有一项重大举措，就是利用了 MOOC 平台，通过信息技术与高等教育的融合，使得学生的发展能够跟随时代的潮流，同时这也对广大教师提出了更高的要求，他们需要有信息技术与教育融合的意识和能力。下面我们将从几个方面来阐述云南大学的 MOOC 建设：

第一，加入东西部高校联盟和全国地方高校优课联盟。2013 年 10 月，云南大学作为云南省首所高校加入北京大学领衔的"东西部高校课程共享联盟"，积极参与联盟内部的课程引进和建设，努力在西部高校优化教学课程资源配置和提升人才培养质量的过程中做出应有的贡献。2014 年 5 月，云南大学抓住慕课平台带来的发展机遇，加入深圳大学倡议发起组建的"全国地方高校 UOOC（优课）联盟"（简称"UOOC 联盟"），以促进地方高校协同创新、合作共赢。与此同时，云南大学还积极组织或参加各类 MOOC 研讨学习会，2013 年，参加超星尔雅举办的"2013 年云南高校 MOOC 研讨暨通识教育交流会"；2014 年，借助刚建设好的省内首间"东西部高校课程联盟沉浸式远程互动教室"，组织云南省各高校举办 MOOC 课程体验及交流学习。

第二，引进联盟优质 MOOC 课程。2014 年春季学期，云南大学引进联盟内部广受好评的共享课程，如复旦大学高国希教授等共同开设的"思想道德修养与法律基础"，由云南大学原马克思主义学院院长蒋红教授亲自担任课程负责人，院长助理赵新国教授等 6 人担任该课程助教，严格按该课程要求组织主讲教师见面课、分小组讨论和督促学生借助电脑、手机等媒介按时自主学习，当期选课人数突破 180 人，经过一个学期的试运行，该课程得到了选课学生的一致好评。后期又陆续引入"军事理论""演讲与口才""数学大观""中华诗词之美""从爱因斯坦到霍金的宇宙""食品安全" 6 门联盟优质 MOOC 课程，选修学生达 1500 人次以上，进一步丰富和优化了云南大学的通识教育课程体系。

第三，实现网络教学平台和资源中心对 MOOC 的支持。2014 年 11 月，E-Learning 网络教学平台得到了升级，变为了 MOOC 版，可支持多种教学模式，资源中心完成相应升级，支持和整合 MOOC 课程，同时，组织举行网络教学 MOOC 平台专题学习会。邀请清华大学教育研究院韩锡斌教授到云南大学作题为"互联网时代教学改革的新发展"的报告，韩教授围绕网络教学平台的应用情况、教学方式、学习方式变革、翻转课堂、混合教学以及在线开放课程 MOOC 等内容，结合清华大学十余年来的研究与实践探索，层层深入地进行了精彩讲解和操作演示。

第四，建设沉浸式教室、拍摄基地和互动一体机等。2014 年至 2015 年期间，经长期考察和多轮研究论证，云南大学建设了省内首间"东西部高校课程联盟沉浸式远程互动教室"和校内 MOOC 课程拍摄基地。与此同时，结合云南大学"教研室振兴计划"加强 MOOC 硬件建设，在公共课教研室和每个专业教研室都配置了 MOOC 互动一体机，让广大教师可以随时随地了解和熟悉 MOOC 课程，进一步改善了教研室与教研室间、老师与老师间的课程体验、互动讨论和学习研究。为保障 MOOC 课程的顺利教学与实践，云南大学教务处、信息技术中心等多部门协同操作管理，全方位推进学校的网络建设和"数字云大"的真正实现。

第五，开发、建设具有云南大学优势特色的 MOOC 课程。2015 年 5 月，云南大学民族研究院何明教授的"中国少数民族生态智慧"课程被建设成为 MOOC 课程，并加入"东西部高校课程共享联盟"，供全国联盟内高校学生自主选课，选课学生数突破 2800 人次，云南大学也因此成为云南省高校中首家将本校 MOOC 课程推介到全国并收获良好反响的高校。2015 年 10 月，云南大学经过两轮论证和评审，遴选出人文学院李兵教授、人文学院韩杰教授、公共管理学院方盛举教授、生态学与环境学院苏文华教授、艺术与设计学院李浩副教授 5 位老师的 6 门课程作为未来一年重点建设的示范性 MOOC 课程，这 6 门课程将在 2016 年 9 月前完成拍摄，建设任务后，共享到"东西部高校课程共享联盟"中供全国学生选择修读。

第六，云南省高校 MOOC 平台项目建设。2016 年 1 月，云南省教育厅、云南大学分别与北京慕华信息科技有限公司签署了《云南省教育厅——北京慕华科技信息有限公司建设"云南省高校在线课程平台"合作协议》《云南大学——北京慕华信息科技有限公司建设运营"云南省高校在线课程平台"合作协议》，启动了云南省高校慕课平台项目的建设，分别搭建了"云南省高校慕课平台"和"云南大学慕课平台"。按照"引建结合、重在建设，引入一批高质量、有特色的在线开放课程，以迅速提高我省各高校整体教学质量及水平"的指导思想，目前云南省高校慕课平台已建设 81 门课程。云南大学慕课平台建设有 51 门课程，基于该平台开设全校性公共选修课，有效补充了云南大学优质教学资源，充分发挥了平台对学校教学的支撑作用。

第七，云南省 MOOC 大会。2016 年 9 月 2 日，云南省慕课大会在云南大学呈贡校区举行，云南省委相关官员云南大学以及来自全省 70 所高校的校领导、相关部门负责人、教师代表等参加会议。此次会议对全省高校有效推进优质教育资源共享、推进教育公平、提高教育质量等方面都将产生深远的影响。云南大学作为云南省慕课平台秘书处单位，下一步将积极配合省教育厅的部署，加强协同与合作，发挥好秘书处单位的枢纽和服务作用，加快推进省平台建设，使全省高校学生享受优质在线教育资源，提升云南高等教育在线教育教学质量。

第八，设置专项教改课题，有针对性地加强有关 MOOC 的研究和教学实践。2013 年度，云南大学设置有关 MOOC 的专项教改课题，由何鸣皋副研究员主持的"构建 MOOC 模式的教学应用通用解决方案"课题项目获得学校重点专项资助，并于 2016 年顺利结题。2016 年校级重点教改项目"基于慕课的混合式教学模式研究——以学堂在线在云南大学的教学应用为例"立项。资源环境与地球科学学院刘蕊老师等主持的"MOOC 时代冲击下的'翻转式'教学模式研究——以'空间分析与建模'课程教学为例"课题项目获得学校一般专项资助。通过专项教改课题的针对性资助，积极引导了广大教师加强 MOOC 浪潮引发的思考和研究，充分发挥加强慕课研究的引导作用、示范作用和辐射作用。

云南大学将慕课平台落地实施，同时又大力推进教改项目，还积极建设以 MOOC 为基础的混合式教学试点，构建了云南大学 MOOC 线下教学云桌面实验室和多媒体教室，2016 年春季学期开始已面向全校本科生开出 10 门慕课试点课程，其中本项目云南大学参与开设的就有"文献管理与信息分析""大数据科学与应用系列讲座""网络技术与应用"3 门课程，每门课程都建立了各自的教学团队，含本项目成员，共计有 19 名中青年骨干教师参与。

通过持续追踪慕课教学的发展趋势，把握信息技术和教育技术的发展方向，结合学校教学需求进行分析研究，云南大学的慕课教学实践和教改研究已经取得了一系列的应用成果，其中设计、建设了呈贡校区敬宾楼云计算联合实验室、慕课多媒体教室、慕课线下讨论课教室等教学环境，构建了完整的慕课教学环境，已于2016年春季学期顺利投入使用。目前已经连续多个学期开设了多门慕课课程，均采用了混合式的教学模式，为云南大学慕课教学设计和其他慕课教学的开展积累了宝贵的教学经验。研究生团队曾结合云南大学的教改项目，开展基于慕课的混合式教学理论和教学设计研究，由教师指导研究生完成多篇慕课相关选题的硕士学位论文，并顺利通过答辩。针对基于慕课的混合式教学设计开发了教学App，已经连续多个学期应用于慕课教学，取得了明显的教学应用效果。云南大学积极主动地进行慕课和教学信息化应用推广，2017年春季学期与马克思主义学院慕课教改团队紧密合作，完成了思政课网络直播课教学模式改革和公共政治课机考改革慕课班试点。

二、"智慧树"慕课在云南大学的混合式教学实践

MOOC的到来促进了教育的公平，随着时代的发展，共享教育资源是时代的趋势，也是教育发展的必然，使得教学和师资不再成为束缚大学生进行知识拓展的障碍，MOOC的发展为教育公平提供了突破点。不仅如此，MOOC对传统教学也产生了一定的影响，传统教学的理念和设计逐渐开始与MOOC发生融合，课堂从教师讲授为主变成学生自学为主，通过二者的结合，使得高等教育的改革得到推进，学生的主体作用开始得到重视，教师也逐渐变成了辅导者和引导者，新的模式也使得教学效果得到了提升，展示了信息技术与教学融合的可操作性。

在我国，MOOC的混合式教学模式目前仍旧处于探索阶段，要想使其彻底推广并走向成熟还有很长的路要走。为了进一步探索MOOC混合式教学课程是否符合我国的教育阶段以及实施的效果，研究团队展开了一系列的调查，进行了一系列项目的研究，对国内外的教育专家的研究成果进行了总结，同时也对云南大学MOOC课程的实际教学情况进行了了解，通过问卷调查、访谈等形式对"演

讲与口才"共享课和"军事理论"共享课的实际情况进行了研究。从实际的效果来看，MOOC混合式教学模式提起了学生的兴趣，受到很多学生的喜爱，课程完成率较高，同时也提高了教学的效率。但是我们还是要对现阶段的情况有一个清晰的认知，基于MOOC的混合式教学仍有很多不足，主要包括以下两个方面：第一，在教学评价方面，校内的教学评价机制滞后，传统的教学评价方式会阻碍新型教学模式的发展；第二，在学习评价方面，学习者通过在线学习获得分数，分数加权不包含各校内教学模块，这也会阻碍混合式教学课程模块的发展。通过对导致不足的原因的分析，基于实际情况提出对基于MOOC的混合式教学模式提出意见和建议，为各高校提供参考。

（一）研究背景

随着信息时代的到来，传统的教学模式逐渐无法满足学生的需求，因此这就要求对教学模式进行改革。高校作为信息化教育的前沿，高校课堂开始推进多媒体教学。但是多媒体仅仅是一种教学工具，教师仍旧是课堂的主导者，学生依旧是知识的被动接受者，因此多媒体教学依旧无法取得很好的效果。虽然有了多媒体的帮助，高校教学现状仍旧是教师单向传播知识，学生被动接受知识，没有经过自己的思考，只是为了应付考试，再加上学校的优质教学资源缺乏且封闭，优秀教师不可能面向所有的学生进行教学，这就使得师生双方都很吃力，教学和学习都停滞于某一阶段而无法继续发展。

随着信息技术的发展和应用，促进了教育公平，西部地区的高等教育得到了极大水平的发展，MOOC的出现冲击了传统教学模式，学生通过MOOC平台可以直接进行学习，同时还能获取多种学习资料，学习的节奏可以由自己掌控，这有利于培养学生的自主学习意识和能力。近年来，MOOC教学在越来越多的高校都得到了推广和发展，学生通过MOOC平台就可以获得海量的学习资源。但是同时我们也要看到MOOC存在的问题，虽然MOOC上有着海量的教学资源，但是需要注意的是这些课程质量的参差不齐，学生无法进行辨别，目前平台也缺少对课程质量的筛选和辨别机制，因此这也就导致了较高的中途退出率和较低的完成率，除此之外，考核也存在很多不足，无论是题目过难还是过易，都不利于学生对自身水平的评判，还有一些考核机制上的问题需要完善。在经过了一段时间的狂热之后，人们开始回归理性，开始思考 MOOC 是不是真正适用于中国的高等教育，那么又该如何改进 MOOC 的模式使其能够适应中国的高等教育呢？在这种理性的思考下，一种新型的结合了 MOOC 和传统教学的混合教学模式出现了，在经过一段时间的验证后得到了人们的广泛认可。这一模式突出了学生的主体地位，调动了学生的积极性和主动性，不仅利用了在线学习的优势，还结合了课堂教学的优势，使得教学质量得到提升，教学效果得到优化。全球都在对 MOOC 进行实践和研究，可以说 MOOC 现在已经风靡全球，已经成为课堂改革的流行元素。MOOC 强调在合适的时间进行学习，在运用技术的同时，也要把握学习者的风格习惯，所以为了发展出适合我国高校的 MOOC 模式，推出了基于 MOOC 的混合式教学模式，这就使得我国的高校教育对 MOOC 进行了创新应用，不仅充分利用了 MOOC 资源，还充分利用了高校的教学资源，课堂形式逐渐发生了转变，从教师教授为主，变为了学生自学为主。非 MOOC 提供者的高校要想将 MOOC 资源引入校园，使得教学水平与国际接轨，不仅要适应本校的实际情况，还要使本校教师的教学水平更上一个台阶，具体该如何去做，需要高校进行仔细认真的研究。

2013 年 4 月 27 日，中国东西部高校课程共享联盟正式由重庆大学发起成立，28 所高校参与首批签约，加入课程共享联盟。联盟建立的目的是改善教育公平，解决各大高校选课不足的问题。联盟的建立使得我国高校的教学模式和教学方法发生了改变，学生的主体地位得到了凸显，学习过程评价也更加严格，使得学生的学习效果和过程得到促进和监督。这种通过信息技术来促进改革的网络教学模式吸引了越来越多的西部高校加入其中，使得教育资源实现共享促进教育公平，推动了我国教育改革的进程。在 MOOC 促进的东西部高校课程共享联盟的影响下，我国高校教学模式逐渐从以教师讲授为主的课堂教学形式转变为学生自学为主、教师指导学生学习为辅。随着互联网的不断发展，东西部高校课程共享联盟已经不再是单纯的东部高校支援西部高校的概念了，而是变成了东西部高校进行资源共享的途径。联盟共享课采用的方法就是"混合式教学"，线上、线下双重保障，大学生可以灵活安排学习时间在线上学习，这很好地与碎片化时代相融合起来；线下就是开展跨校直播互动和小班讨论学习，将线上学习未解决的问题带到教室中共同进行探讨研究。虽然共享课程促进了课程的多样化，但是也仍旧面临着一些问题，比如教学条件如何得到保证，教学质量如何得到保证，教学运行如何有条不紊，这都是改革所要解决的一系列问题。

东西部高校课程共享联盟成员其中就包括云南大学，云南大学鼓励大学生积极参与 MOOC 共享课教学实践，其已开通了 7 门共享课程供本校学生选修，同时承认学分。为了更进一步探寻 MOOC 混合式教学，就要弄清楚教学开展的形式、教学效果、存在的问题、值得共享的教学措施，只写问题是进行基于 MOOC 混合式教学实践研究的基础和前提。本书的研究对象是"演讲与口才""军事理论"两门共享课程，对 MOOC 混合式教学在云南大学的实践情况进行了分析，希望能够从中获得混合式教学策略的参考，同时为东西部课程联盟各高校提供借鉴和参考。

（二）研究目的

了解基于 MOOC 的混合式教学的实施步骤、实际的实践情况、学生对教学的评价等，还要在实际的研究中探讨 MOOC 与传统课堂教学相融合的方式；MOOC 教学资源如何弥补西部高校师资及教学资源不足的情况，如何推动高校教学方式的变化，从传统教学方式转变为现代化教学方式；同时，还要找到问题，指出不足，并对其进行分析，提出解决的策略和方法。混合式教学跨文化、跨国界、跨区域、跨学校，如何利用其培养人才，使得人才专业能力水平高、创造力强、具有国际视野，同时最重要的是如何建设具有中国特色的 MOOC 教学发展道路。

（三）实践意义

研究基于 MOOC 的混合式教学所得数据，可以为后期的研究方向提供意见和参考；调查学生是如何评价混合式教学的，分析混合式教学的教学效果，可以将其作为参考经验提供给其他需要开展混合式教学的高校；对基于 MOOC 的混合式教学进行深入的了解，掌握其实施步骤、过程、模式，将之作为参考依据，推广混合式教学，也为其他需要开展混合式教学的高校提供实施的数据支撑。

（四）研究内容

我们主要从以下四个方面对基于 MOOC 的混合式教学课程的实践效果、可行性与意义进行研究：

第一，对基于 MOOC 的共享课程的教学实际情况进行探究。云南大学于 2015 年春季学期开设"演讲与口才"共享课，于 2015 年秋季学期开设"军事理论"共享课，为了对其教学效果进行研究，我们可以通过问卷、参与式观察法和访谈等手段，调查教学实践中存在哪些优点、哪些不足。

第二，对国内外教育学专家学者的研究成果进行总结归纳，以研究综述的形式将研究成果呈现出来。

第三，探讨混合式教学的优点与不足，对于其中的优点进行推广，对于其中存在的问题提出改进意见。

第四，探讨 MOOC 影响了高校教学的哪些方面，以及中国式 MOOC 该如何在符合实际的基础上进行发展。

（五）研究思路

初期：找到与 MOOC 混合式教学相关论文，并对其进行深入分析，对 MOOC 研究现状有一个大致的了解；通过调查"演讲与口才"共享课我们可以知道，学生越喜爱 MOOC 混合式教学模式，他们就会越积极参与课堂活动，自身的学习能力也会得到提升；同时也要找到教学过程中存在的问题，并对其进行分析，提出解决的措施和办法。还要对课程的基本信息有一定的了解，比如课程的名称、授课教师、学分、考核形式、教学组织、课程技术支持等，获得这些信息的渠道主要包括云南大学各教学单位、教务处、课程助教等，为后期的调查研究提供保障。

中期：以助教身份，参与性地调查研究"军事理论"共享课，了解混合式教学实施现状和过程中存在的困难，采用问卷和访谈的形式了解学生如何评价基于 MOOC 的混合式教学，对"军事理论"共享课教学实践的效果进行分析，对其中的问题和缺点也都进行深入分析，然后提出解决措施，促进基于 MOOC 的混合式教学不断发展。

后期：经过一系列的调查研究，我们了解到了云南大学两个学期的"演讲与口才"共享课和"军事理论"共享课MOOC混合式教学课程的基本情况，我们要对其中的实践过程进行反思和思考，了解真实的实践效果，看到实践策略方案的不足，进行分析的同时还要针对不足提出解决的方案和措施。

（六）共享课程教学模式

MOOC是一个很好的平台，MOOC学习者可以获得海量的优质学习资源，而且MOOC的线上性质使得学习者可以灵活安排自己的学习时间，根据自己的节奏，一步一个脚印，这不仅使得学生能够更方便地学习课程，还使得学生拥有了更强的自主学习意识，也锻炼了学生的自主学习能力。基于MOOC的混合式教学将传统的教学模式与新型的教学模式结合起来，使得传统课程和在线课程得到了结合，而且学校对通过基于MOOC的混合式教学所获得的学分是承认的，它就是正式教学的一种。MOOC共享课程为学生提供了更多、更新的教学资源和教学课程选择，各校的学生可以根据自身能力和需求灵活进行选择。

在高校中开展的混合式教学模式，承认跨校、跨地域的共享课程的学分，这一制度使得我国的高校纷纷加入MOOC当中，混合式教学在我国迅速推广开来，未来我国高校教学发展的趋势就是基于MOOC的混合式教学和跨校、学分互认。

东西部联盟共享课程的混合式教学有三种基本模式，这三种模式均有辅导、作业和考试。第一种，通过线上进行学习，学习主要采用进阶式的方式，课堂上在线进行研究和商讨。第二种和第三种，分别为该校课堂小班研讨和在线课堂进阶式学习，区别在于第二种模式是本地课堂大班授课，而第三种模式是直播课堂大班授课。为使教学质量得到保障，教学团队将由输出与输入课程的高校来组建，虽然是跨校、跨地的教学团队，但是仍旧可以通过网络共同备课和授课。如果有学生因为一些事情没有及时进入课堂学习，那么学生就可以通过网络来进行观看，因为课堂提供了实时转播服务，学生可以在电脑或者手机上自行观看，这样就可以避免丢课、落课的情况发生，学生也不会因为没有上课而感到焦虑。若是网络发生了故障，使得直播课的学习无法进行，那么课后还可以自学，因为还有网络视频点播的方式提供给学生，学生可以有效消除焦虑，不用担心自己没有学到知识。2015年秋季学期有113门共享课程的教学模式为混合式和在线式两种结合，其中在103门名校名师及特色课程中，有54门课程采用在线模式教学，有49门课程采用混合式模式教学，其余10门为超级大课程，全部采用混合式课程教学模式。

（七）基于MOOC的混合式教学在云南大学的开展历程

通过MOOC的共享课程，东西部高校课程共享联盟才能建立起来，MOOC的共享课程就是桥梁，使得东西部高校课程得以共享，在这个过程中，云南大学拥有了对口支援学校——复旦大学，这样基本形成了一个以各支援与受援高校为主体，以政策为支撑，以科学管理和长效机制为保障的对口支援体系。在2014年秋季学期，云南大学引进了"思想道德修养与法律基础"共享课，这标志着云南大学正式开启了基于MOOC的混合式教学的教学实践；2015年春季学期，云南大学再次引进"数学大观"和"演讲与口才"素质选修课的MOOC共享课；2015年秋季，云南大学第三次引进MOOC共享课，一共是4门选修课，分别是"军事理论""思想道德修养与法律基础""演讲与口才2""食品安全"。云南大学实施混合式教学后的情况还需要继续进行研究，学生的学习情况如何，相应的学分是否都得到了，如何评价MOOC的混合式教学，通过对这一系列问题的分析，我们可以了解到MOOC的混合式教学实际的时间情况，这对我们以后进行混合式教学有着重要的影响。

三、MOOC混合式教学完整案例——高校本科生通识教育课程"大数据科学与应用系列讲座"

（一）课程简介

随着大数据时代、云计算的来临，人们越来越关注大数据，这为互联网带来了信息大爆炸，不仅使得互联网的数据应用模式得到了改变，人们的日常生活和工作模式也被改变了，同样的企业运作和经营模式也发生了变化，就连科学研究模式也产生了根本性改变，甚至使得人们的思维模式也发生了改变。

本课程以一系列大数据讲座为主线，突出实战性，以激发学生学习兴趣和动力，促进学生理论与实践相结合，启发学生技术创新为教学目标。注重结合应用实例融会贯通大数据中的理论方法和系统知识（平台、模块、工具），体会运用大数据技术解决实际问题的思路和效果。

本课程兼顾信息类和非信息类学生，通过教学让学生达到以下四个方面的教学目标：

（1）了解和认识大数据概念产生的背景、特点及价值，了解大数据与人工智能、计算机科学、数理统计的关系与影响。

（2）通过大数据在人工智能、金融、广告、法律和电子商务领域应用实例的剖析，深刻理解大数据技术解决实际问题方法的应用效果和价值。

（3）了解大数据的基础平台及前沿技术，实际体验大数据相关平台和工具的实验操作，生成数据可视化报表。

（4）能结合自身专业学科背景，运用大数据思维与技术分析其在相关领域的应用思路和实施方法。

（二）课程教学方法与改革

该课程采用基于慕课平台（清华学堂在线）的混合式教学，对传统教学模式进行了改革。基于慕课的混合式教学模式在汲取慕课教学模式特点的基础上，融入了课堂实践互动小组研讨等教学手段，把线上"慕课"、线下"翻转课堂"和基于项目的小组研究性学习进行有机融合，发挥课堂教学和网络学习的优势及小组协作学习的优势，实现教学效果的最优化。

教学方式采用基于慕课的混合式教学模式，以云南大学慕课平台（清华学堂在线）为教学支撑平台，开展混合式教学。教师由2名副高、2名中职教师和2名研究生助教组成。导学课在多媒体教室中进行，教师对课程的教学目标、教学模式、考核方式、云南大学慕课平台（清华学堂在线）的使用进行说明，让学生明白基于慕课的混合式教学模式具体是如何进行的。线上教学，即学生在线观看教学视频，完成每一单元的在线测试。利用QQ群在网上开展线上交流辅导讨论，师生在网上积极互动。线下教学，即教师团队在开放实验室利用多媒体和30台学生云桌面终端讲解重难点，并且讲解和演示实验教学，学生在教师团队的指导下完成实验项目。同时，教师团队指导建立6个学习小组，这6个小组是基于项目的研究性建立的，开展小组合作，对研究课题进行选择，开展基于项目的研究性学习。对学生的考核评价方式计划采用过程性评价与成就性评价相结合、定量评价与定性评价相结合的学习评价方式。考核方式为：在线学习（占30%），包括在线看视频和在线测试＋网上讨论；课堂学习（占40%），包括课程导学见面（占4%）、基于项目的小组研究性学习、小组实验4次（占16%）、小组项目大作业汇报占（20%）；期末闭卷考（占30%）（在机房进行闭卷机考）。

教师要注重实践，课堂教学中要多多采用小组探究的模式，与学生交流可以采用QQ等工具，使得学生的自主学习能力得到提升，也使得学生更具有合作意识和小组协作的精神，以解决教学中师生缺乏互动交流、学生学习积极性不高的问题，促进学生的探究学习能力、协作学习能力等综合能力培养。教学改革主要目的在于：第一，利用混合式教学摒弃以"教"为主的模式，这种教学模式很少考虑学生"如何学"的问题，讲授式教学难以满足不同学习程度学生的学习需求；第二，基于网络学习平台解决老师和学生之间、学生与学生之间缺乏深入互动交流，学生学习的积极性和主动性都难以调动起来的问题；第三，通过混合学习和小组协作学习，解决学生始终处于被动接受状态的问题，培养学生的主动创造性、协作探究能力、批判性思维；第四，利用多元的评价方式，解决传统的教学考核评价方式中学生为考试而考试，忽视对学生的探究能力、协作精神等方面的评价，忽略形成性评价的问题。

（三）混合式教学模式设计

1.基于项目的小组研究性学习流程

混合学习的主要形式就是小组协作学习，小组协作学习主要是为了对学生的实践能力进行培养，同时使得学生在学习的过程中学会团队协作，而有效的手段就是基于项目的研究性学习。开展项目研究组员之间要配合，无论是在网络还是课堂上，都要通过配合的方式开展讨论：在网络上主要是对信息进行处理和检索，将自己搜集到的资料展示给组员，之后小组讨论，对自己的成果进行整合和反思，并将最终成果进行展示，在这个过程中要注意对信息进行记录，对于一些评价也要做好记录；课堂中则主要是小组汇报，在汇报过程中要积极和老师进行探讨，进行深入的交流，认真倾听老师的发言，得到老师的点拨，这不仅是基于项目的研究性学习保证学习质量的重要环节，也是一项重要手段，可以促进学生知识的建构和迁移。

2. 基于 MOOC 的混合式教学模式设计

混合式学习结合了在线学习和传统的课堂教学的优势，但是这种结合并不是简单地将二者的优势加起来就可以完成的，这是一种有机的组合方法，服务于整个教与学的活动，它混合了各种学习要素，包括学习的资源、媒介、环境、方法等，通过这种组合使得学习效果和传统的课堂模式相比得到大幅度的提升，进而使得学习效果达到最优化。我们创建这种学习模式的前提是具备网络教学平台及工具。在这种学习模式中，学生作为教学主体可以进行在线学习，由教师主导课堂教学。在整个教学过程中，学生分成几个小组，先确定中心任务，之后制订相关的计划实施步骤，最后完成中心任务，教师的任务是指导学生，使得学生完成探究学习。学生可以充分利用网络，对其中的学习资源有选择地使用，以小组为学习单位开展协作学习，围绕学习任务和教学目标进行任务分配和分工合作，通过自主学习和小组的讨论交流，完成学习任务，最终形成可以进行展示的学习作品。在课堂教学中，教师对重难点知识进行讲授，组织教学活动，对学生的学习过程进行监控，指出其缺点或者错误，并帮助其进行纠正，最后对学生的学习效果进行评价。

混合式教学主要是指"线上"网络学习和"线下"课堂教学相结合的教学。"线上"网络学习主要是由学习者通过云南大学慕课平台在线自主完成学习；"线下"课堂教学主要是以团队实验的形式进行。在基于 MOOC 的混合式教学模式的整个构建过程中，第一个阶段是前端分析阶段，该阶段是整个学习活动的基础。通过对学习者进行前端分析我们发现，这种教学模式有利于教师在教学过程中进行有针对性的教学，从而提高教学效率，使教学效果最优化，前端分析阶段主要是针对学习者的一般特征、学科背景和初始能力三个方面进行分析。第二个阶段是学习活动设计阶段，这个阶段是非常重要的一个阶段，学习活动设计主要包括两个部分，分别是"线上"和"线下"的学习活动的设计，在整个基于 MOOC 的混合式教学过程中，学习活动设计处于核心地位。第三个阶段是学习评价设计阶段。该阶段是基于 MOOC 的混合式教学过程的最后一个阶段。为方便教师对整个教学过程有更加清晰直观的认识，基于 MOOC 的混合式教学的学习评价主要采取形成性评价和总结性评价相结合的评价方式。

总而言之，学习者作为学习的主人，对其初始能力、学科背景和学习的一般特征进行分析，合理有效地掌握其一系列特点对因材施教产生了重要的影响，促进了教师的教学。

第五章 "互联网+"时代高校课堂的 教学模式改革评价

高校要想改进自身教学、提升人才培养质量，可以采取的一项手段就是高校教学评价，政府和教育主管部门想要对高校加强管理、保障其教学质量、促进其发展建设，同样可以采取进行高校教学评价的重要举措。本章内容为"互联网+"时代高校课堂教学模式改革评价，主要介绍了高校课堂教学评价体系的现状以及高校课堂教学模式改革评价体系的构建。

第一节 高校课堂教学评价体系的现状

一、院校教学评价

我国高等教育外部质量保障最主要的形式是由政府部门组织开展的院校教学评价。中共中央于1985年颁布了《中共中央关于教育体制改革的决定》，其中明确规定，国家及教育管理部门要从宏观层面上对高等教育实行指导，对高校进行定期评估。从这之后，我国高等教育评估实践开始规模性开展。我国从1994年就开始大范围地评估院校整体的本科教学，其中评估的主要方案有包括合格评估、随机评估、优秀评估和水平评估。水平评估是其中规模最大、影响最深的方案。2004年我国第一次开展本科教学水平评估，当时我国高校教育正在进行大规模扩招，又面临着很多问题。水平评估是在合格评估、优秀评估、随机评估三种方案之后提出的，因此其综合了这三种方案的特点。对于政府来说，水平评估是一项重要的手段，对于其职能转变、加强宏观管理、监控高等教育质量具有非常重要的意义。整个评估方案包括相关的说明、评估指标体系和评估结论及其标准等部分，其中评估指标体系包括标准系统、指标系统和权重系统等，是整个水平评估方案的核心。指标体系包括一级指标、二级指标和观测点，其数量分别是7个、19个和44个，其中我们要注意的是，7个一级指标中包括一个特色项目，19个二级指标中包括11个重要项目。评估结论共有四种，分别是不合格、合格、良好、优秀。

在高校教学工作中，水平教学产生了非常重大的影响，起到了非常重要的作用，最终也产生了一定的效果，在2008年全国接受水平评估的普通高等学校共有589所。首先，评估工作的进行有利于落实教学中心地位，同时厘清高校办学思路。在接受评估的高校中，很多校长表示，通过评估学校的领导班子能够发现教学当中存在的问题，然后可以有针对性地提出改革措施，使得办学思路更加明晰，大学定位更加明确，全体成员的力量都可以得到凝聚，使得学校重视教学的中心地位，不断地对教学进行探索，并对其中的规律进行归纳总结，促进高校教育教学的发展。其次，通过评估，高校可以了解到自身在基础办学设施方面存在哪些不足，可以对办学条件进行改善，使得学校的教学基本条件建设更加优化，促进高校硬件设施的不断发展。除此之外，高校还引进了大量的师资，大力建设了教师队伍，对图书资料进行了更新，对实习基地进行了大力度建设。最后，评估使得高校能够更加规范地办学和进行教学管理，有校长表示虽然自己已经办学了很多年，但是对其中细节的规范仍旧不明确，甚至根本就毫无头绪不知道该怎么进行规范，但是通过评估，对其中很多要求都有了一定的了解，对于该如何进行规范，也已经有了大概的了解，这样的评估，对于推进高校的规范管理是非常重要的，也是非常有意义的。在评估期间，很多高校都出台了教学管理制度，这种新制订的方案涵盖了诸多方面，包括实践教学、人才培养方案制（修）订、质量监控、教学运行、学生管理等，使得教学各环节都能够更加明确，有了具体的规范要求之后，教学的质量也会得到提升。这就使得高校内部逐渐初步建立起了教学质量保障体系，不少高校成立了相应的质量保障机构，可以定期评估学校的实践教学、毕业论文、课程教学、课程试卷等。同时，也促进了高校校园文化的建设，使得高校对自身的办学特色进行了明确，使其更加凝练，还促进了高校的课程建设和专业建设，使得高校的教学质量得到更进一步的保障。

本科教学水平评估虽然产生了上述一系列的积极影响，但不可否认的是这种影响是有限的，其主要体现在两个方面：一方面，评估带来的影响是呈波动状态的，这就表示评估并没有将高校教学质量建设的自觉行为进行深化。随着评估工作的结束，高校教学建设和发展的数据曲线也会呈下滑趋势，体现了评估工作影响的有限性。另一方面，教学评估只能有限地影响到深层次的教学改革、教师教学和学生学习。中山大学李延保教授的团队调查显示，培养学生基本理论和技能、教学研究的投入、校园网建设、学生参加课外活动的热情、教材编写、教材选用、学生自觉性学习、培养学生创新能力等方面均在首轮本科教学水平评估效能统计中排在末尾。教学评估与教学条件、资源和规范管理相比，对教学模式与习惯等深层面影响要弱很多，其他主要的方面包括教学效果、教学内容、教学方法、教学过程、教风学风等，其改革和改善的效果都非常具有局限性。

由此我们可以看出，本科教学水平评估虽然在一定程度上促进了校园的教学规范管理等方面，但是仍旧没有深入影响高校的教学、学习与自我改进，其主要原因主要体现在两个方面：一部分原因是本科教学评估的指标导向。评估在一定程度上体现了指标体系中所关注的重点内容，如高校对教师队伍的建设、图书资料的完善、教学管理的规范等方面都进行了完善。但是，我们仍旧可以看到其中存在的一些问题，如过多关注资源的投入而忽视了学生的发展和教学改革的进行。评估指标对学生的学习和发展并没有非常重视，仅仅只有个别的指标关注到了这一问题，大部分指标围绕的还是对教学资源等方面的关注。我们要知道，保障教学条件固然非常重要，但是并不是说这些保障条件建立之后，教学质量就会自动提升，因此这就导致了评估作用非常有限，现在的评估工作只能说是影响到了学校教学工作的水平，并没有从根本上产生影响。另一部分原因是本科教学评估有着浓重的行政色彩，高校更多的是配合工作，在评估过程中处于被动的地位，主要是接受管制和评估，甚至有的高校会弄虚作假，这就导致政府只能搞"突击"，才能使得评估标准符合要求，这种形式主义就使得评估的作用被更多地限制，高校无法进行自我提升，有效的内部自我评价机制也难以建立起来。

二、院系教学评价

20 世纪 80 年代初，我国开始实行高校内部教学评价，最初开展的范围还比较小，只是评价课程和教师教学。随着我国高等教育体制的不断完善和发展，我国的本科教学评估也得到了推动，各大高校纷纷建立起了校内教学质量监控与评价体系，并建立了学生评教、学校和院系的领导专家听课制度，逐渐丰富了校内教学评价活动。高校的教学评价还从针对实践教学和毕业论文的单项评价、课程评价、教师课堂教学评价等扩展到校内的院系教学评价和专业教学评价，使得高校的教学评价更加规范，推动了教学质量监控体系和高校教学质量工程的建设。但是，我们仍旧可以看到一些问题，比如缺乏创新，内部教学评价的动力主要还是外部，高校自身提升教学质量的诉求没有体现出来等。

高校内部教学评价的重要方式就包括院系教学评价，高校教学主管部门负责实施院系教学评价，根据一定的评价理念和评价标准进行评价，并进行信息收集，使得有关院系教学活动及效果得到集中的反映。下面，我们将以 A 大学院系教学评价指标及考核方法为例，对其进行观察和反思，找到其中存在的问题。

A 大学的院系教学评价工作一般在年终进行，范围涵盖全校，由学校教务处组织实施。制订评价指标体系，首先是要通过口头或书面意见反馈、会议讨论等方式征求各院系的意见，最后对所有的反馈和建议进行整合，最终将方案确定下来。之后是确立指标及观察点，首先是参照教育部本科教学工作水平评估指标体系的内容，院系根据学校的实际情况提出建议，之后再对体系进行修改。评价体系是百分制，学校根据分数进行累积排名，奖励排名靠前的院系。A 大学全校共有 19 个院系，2011 年实施教学评价所用的指标体系共有三个级别的指标，每个指标都被赋予了一定的分值，包括 4 个一级指标、9 个二级指标和 23 个三级指标。

一级指标包括四个方面的内容，分别是教学效果，教学建设与改革，建设规划、教学管理等的条件，过程与效果。二级指标包括的内容与教育部教学水平评估的指标体系有很大一部分是相同的，如实践教学、专业建设、院部总体和分专业规划、课程建设、教学管理与质量控制、学生基本理论与能力及毕业论文等方面。这些内容去除了像师资队伍和图书资料等由学校决定的内容，这是因为这些内容不适合院系评价。同时也存在一些具体的要求，比如教师的水平是否符合岗位资格，院系是否会安排师资培训等，是否会进行人才引进。

评价方法主要采取了专项评价、学生与督导评价、专家年终院系走访、专家组评价和平时检查的形式。①专项评价，教务处聘请督导员专项检查教学大纲、教学进度表、实验教学、课程考试与命题、实习实训等。②学生与督导评价，在学期末，学生和督导员评教教师教学质量，也可以让教学管理人员和学生进行评教，最终将二者评教的比例折合成相应分数。③专家年终院系走访，就是在年终时，教务处邀请督导员或其他评价者作为代表，评价院系的教学运行及效果。④专家组评价，专家组由校内外专家组成，由他们来对学校院系的总体规划、专业建设规划和培养方案等进行评分，当然前提是学校已经对这些规定进行了修订。通常情况下，其评分可以保留5年，但是院系也可以要求再次进行评审。⑤平时检查，这一项检查主要由教务处负责，教务处评价院系教学管理情况，评价的主要内容包括课程安排、考试安排、成绩上报等。从A大学的院系教学评价指标体系我们可以看出其指标设置包含多方面的内容，几乎覆盖了教学的全过程，如规划、建设、实施、管理、效果等。评价的方法也非常多样，不仅有平时的一系列评价，还有年终的评价，较好地引导了各院系教学过程的发展。

但是经过分析，我们也可以看到A大学院系教学评价存在着一些问题，比如未能真正触及院系教学及质量的内核，管理主义和科学主义倾向严重，主要表现在以下几个方面：

首先，指标及观察点主要是对规范有要求，主要体现的是量化，内在质性的标准比较少。如"课程考试命题与课程教学大纲、课程考试大纲一致，命题蓝图、样卷等材料齐全，规章制度执行过程材料齐全""承担省级、校级重点和校级一般教学研究项目分别加1分、0.5分、0.2分项""课程建设期内国家级、省级、校级精品课程分别加1分、0.5分、0.1分／每门次，当年立项加分乘2倍，年度计划没完成或验收不合格该项得分为0"等。这些标准的目标虽然是在管理规范各环节教学、争取项目、出版教材等，但是它确实忽略了管理的最终目的，要知道管理就是为教学服务，为学生的发展服务，而且这些标准很少涉及管理对教学和学习的质性要求的支持。

其次，在评价标准中对院系教学效果的评价指标权重仅占 15%，根本无法真正地对院系教学质量进行反映。学生学习效果的评价仅仅来源于各种课程考试、四六级考试、学生参加竞赛的获奖数量、学生的论文发表情况和学生的毕业论文。对学生的基本理论和技能评价的标准是：国家四六级考试通过率高，全省计算机考核通过率高，期末考试成绩良好，成绩分布合理，教师的教学效果良好。通过上述标准我们可以发现，这个评价标准并没有将反映学生学习结果与状况的方法进行充分利用，也没有要求利用这一结果来改进教学质量、提高学习质量。

最后，评价结果的唯分数论。评价采用了百分制，并且相当细化，如"专业发展的总体目标定位准确，符合学校发展规划（0.4），分项目标和阶段目标明确具体、可行（0.4），且有校外专家评议（0.2）"。A 大学教务处相关负责人对其进行解释：这样有利于专家评价，各院系可以依据分数来完成任务，同时百分制比起等级制更加细化，容易拉开差距，从而使得该给的奖励都能给到位。但是我们对其进行反思，这种结果真的可以将院系教学质量真正地反映出来吗？他们之间的差别可以通过分数客观地反映出来吗？教学过程被这样切割真的是可行的吗？

通过对以上问题的分析，我们可以了解到 A 大学院系教学评价管理主义倾向明显。这种评价管理无法真正地使教师的教学得到改进，也无法明显地提升学生的学习效果。一些教师认为，评价的影响就是让他们按照教务处的要求准备一些大纲、教案等，甚至是为了应付检查而准备一些教学材料。评价虽然使得教师和院系对教学展开了一些思考，采取了一些行动，但是我们不得不承认，其效果是非常有限的。也就是说，这种评价规范了教学，但是并不可能直接生成好的教学，也不可能让学生直接产生好的学习。我们要清楚地知道，无论是管理还是评价，都只是一种手段而已，其最终的目的是提高教学质量，满足学生需要，促进学生发展，这只能作为手段，不能将其视为目的。

三、课程与教师教学评价

我国高校开展内部教学评价最早的形式就是课程与教师教学评价，其信息来源主要是同行评价、专家评价、教师自评、学生评价等。随着我国高等教育的不断发展，学生评价的作用开始被重视起来，因为相比其他的评价方式，学生评价是相对比较有效且可靠的评价方式，高校内部最主要的评价方式就逐渐成为学生评教。开始是问卷式的评教，随着互联网和信息技术的不断发展，开始出现了机读卡评教，后来发展为网上评教，这不仅使得人力、物力都得到大量的节省，还使得教学效率得到了提升。发展到现在，各个高校几乎都有学生评教，这是对评价制度的具体化，也是反映教师质量的主要依据。在不同的高校，评教指标的称谓也存在明显的差异，如教师质量评估表、课堂教学质量评估表（问卷）、学生评教指标体系、课程评估表等。

总的来看，我国部分大学学生评教指标体系在不断地进行完善，其主要表现在以下三个方面：首先，在过去，所有课程都由一份评教指标进行评价，而现在许多高校针对不同的课程开发了与之相应的评教体系。例如，汕头大学就制订了一套个性指标，这套个性指标是针对各系、各教学部制订的，当然他们也有全校通用的理论课和实验课指标。再如，湖北大学的课程教学质量学生评价标准分为很多种类别，其主要包括课程共用类、外语类、实验类、艺术类等。其次，大部分的高校都设置了询问学生一些开放式的问题，如对课程有什么感受、对教师教学有什么建议、通过课程收获了什么等。还有一部分高校对学生评教进行了详细的说明，如设置引导语、网上评教指南等，简要说明了学生为什么要评教、学生应采取什么态度来评教、学生评教结果的使用和反馈等。最后，还有一小部分高校开始注重学生的角度，通过"引导我""我认为"等字眼，使得这些问题可以让学生从自身的思维习惯出发，从而使评价结果更具客观性。

四、问题聚焦："教"评得太多，"学"评得太少

我国的高校教学评价仍旧关注的是教师的行为、资源的多少以及如何进行管理等，对于核心问题的关注仍旧不够，也就是对学生学习的关注还十分有限。在20世纪，学习理论得到了长足的发展，也有很多的研究结合了最新的教育理论成果和教育实践，以期望能够对高校的教学和评价进行引导。

首先，从评价效果这一角度来说，评价的作用是有限的，并没有很快地提升

高的教学质量。政府评价使得管理加强了、投入增加了、教学规范了，但其影响仍旧有限，并没有使高校教师教学模式和教学方法进行彻底的改革，也没有从根本上提升学生的学习质量。高校的内部评价也存在这样的问题，一个分数、一个结果往往是被评价者所看到的内容，他们无法知道自己具体的问题，因此也无法改进。长此以往，教师就会觉得教学评价没有什么作用，对教学质量的提升也没有什么明显的影响，就连学生也会感到自己的建议被忽视了，自己认认真真地写了很久的建议，希望老师可以采纳，但是最终并没有什么作用。

其次，从评价理念这一角度来说，管理主义倾向相对严重。管理主义倾向主要体现在我国高等教育主管部门加强宏观管理的重要手段是政府评价，政府评价高校，高校评价院系和教师，但是我们要知道这种管理是不能被当作目的的。评价是为了促进高校教学发展，使其通过不断的改革而得以完善；是为了帮助高校确立办学中心和教学中心，而这两个中心分别是教学和学习，也是为了促进提升高校教学与学习质量。高校内部评价课程、专业、院系、教师等也不能单纯地强调评比和奖惩，改进教学质量和促进教师的专业发展才是更要进行强调的内容。评论加强管理、规范教学，但最根本的还是为了学生的成长与发展。

最后，从评价标准这一角度来说，"教"评得太多，"学"评得太少。政府眼中优秀大学要教学设备先进、师资力量雄厚、教学管理规范，这就使得在政府评价中，合格评估、优秀评估、随机评估还有综合了上述三种评估方案的水平评估，其评价指标大多属于条件性和保障性的。但是这一切都是在一个前提条件下才能得到保证的："良好的条件和规范的过程可以保证结果。"虽然首轮本科教学水平评估在这一评价理念的指导下起到了重要的作用，促进了管理的规范，保证了办学的基本条件，但是现在是新形势，注重的是教育内涵，这种理念是落后于时代的。

近些年来，社会中出现了"大学排行榜"，虽然是由民间制订，但是仍然在一定程度上影响着高校的办学方向。不同的排行榜自然有着不同的指标，但是大多还是以资源与声誉为导向，高校杰出的教师多，生源质量高，那么自然高校的排名也会高。其前提假设就是如果高校拥有更多的科研杰出教师，那么其教学质量必然不错；如果生源质量高，那么就意味着学生都很优秀，如果周围的同伴都很优秀，那么必然可以学得更好。虽然看上去很合理，但是事实上真的是这样吗？一个科研水平高的教师，并不意味着他就能教好学生，就算其教学水平高，但也不意味着学生就能学好；如果周围同伴优秀，那也不一定就能学好，因为即使是一个选拔率高的重点大学，其教学质量也不一定就能与之完全相匹配。有人做了一项研究，在研究中先是对智力差异这一变量进行了严格控制，在经过了四年的重点大学的本科教育后，其批判性思维能力和其他能力并没有比一般大学的学生发展得更好。南京大学校长陈骏认为：大学评估如果一味地"重数量、轻质量，重科研、轻教学，重短期效益、轻长期发展"，那么就无法提高大学本科教学质量，同样也无法提高人才培养质量，反而会产生消极影响，带来副作用。

在院系教学评价中，院系教学的好坏往往取决于院系材料、管理，以及是否能争取到项目。教学管理者往往对于这些内容过分重视，而忽视了教学与学习质量的相关内容，如学生学习的过程如何、学生学习质量如何、教学方法是否进行了改进与改革、学生学习的反馈是什么情况等。在学生评教中，指标体系的侧重点也出现了偏差，大多都是对教师行为的评价，而学生学习的过程和效果却被忽视了。人们普遍认为，一个优秀的大学只要有优秀的教师并且其教学水平比较高就可以了，但是对于学生的学习过程是否充实、学习质量是否提高、学习效果是否理想等并不在意，但是质量并不会因为有良好的管理、条件、资源、声誉、教师行为等外在因素就自动生成。评价教学质量的影响因素应该是学生的学习，而不是把其自身当成标准。我国的高校教学评价虽然起到了一定的作用，但是并没有从根本上更新教学理念、改革教学方法，没有发展和创新，不重视学生的感受，那么怎么能提高学生的学习质量呢？

综上所述，对"教"评得太多，对"学"评得太少是我国高校内外部教学评价统一存在的问题。高校教学评价工作本来就不应该过度在意一些外在的需求，学生的成长和发展才是教学质量的内在向度，是真正该关心和关注的问题。从根本上来探究这个不足形成的原因，其主要在于无法正确地理解优秀教学的内涵，以及落后的评价理念难以纠正。为了解决我国高校教学评价面临的困境，也为了使我国的高校教学评价符合国际高等教育评价理论与实践发展的趋势，我们要构建的高校教学评价体系应该是以学习为中心的。

第二节　高校课堂教学模式改革评价体系的构建

我国的评价工作有很多种类型，有院校整体评价和专业评价，由政府部门开展；也有专业、院系、课程、教师教学等多种类、多层面的评价，由高校内部开展。这些评价工作在一定程度上促进了高校建设，对政府的宏观管理进行了加强，对教学质量进行了保证，虽然存在着诸多优点，但是仍旧存在着一些问题。观察高校教学评价实践的现状，我们可以发现一些问题，并且可以找准方向，使得我国现阶段高校教学评价改革有了前进的方向，也就是要建设高校教学评价，并且其要以学习为中心，要实现评价价值取向、内容、方法的转变，并且使其不断完善，同时还要在实施过程中保证四个方面的机制。其中，确保以学习为中心的高校教学评价得以顺利开展的重要因素就是提供有力的保障机制，构建良好的反馈机制，形成有效的动力机制，注重元评价机制。它们共同构成配套机制，具有独立意义又可以相互作用，支持以学习为中心的高校教学评价的运行。

一、构建良好的反馈机制

一个成功的评价，必然会有一个良好教学评价结果的反馈机制，良好的反馈机制是评价能够取得成功的关键要素。有时候花费大量的财力、精力和人力的评价，最终效果却不好，这就是由于其反馈功能没有得到充分的发挥，教师和学生都对这种形式主义的评价感到疲倦，究其根本原因，还是评价没有重视反馈，并将这些反馈的结果应用到教学和学习上。因为人们的忽视，使得反馈环节成为最脆弱的部分。

（一）反馈机制的构成

控制论中有一个非常重要的概念就是反馈机制。反馈就是控制系统发送信息，其结果和作用又被返送回来，信息的再次输出就受到影响，通过对信息的控制，使得预定目的达成。评价运行程序的重要环节就是教学评价信息反馈机制，一个好的教学评价信息反馈机制是教学评价实施成功的重要因素之一。反馈机制主要包括三个要素：第一个要素，反馈信息，指的就是评价结果或者是教学信息，这里的教学信息是经过处理的。第二个要素，反馈主体，也就是学生、教师、高校教学管理部门、政府教育管理部门等，反馈主体与评价主体虽然在某些方面有了重合，但是二者的区别还是很明显的，掌握评价结果的人或部门是反馈主体，实施评价的人是评价主体；第三个要素，反馈对象，主要包括学生、教师、社会相关部门、高校行政管理部门、院系、地区教育主管部门等，主要指的是接受反馈信息的人或部门，反馈对象必须是通过对教学信息和评价结果的运用来改进或做出决策的人或部门，其与评价对象不一定完全重合。不同的反馈主体从多个渠道进行信息搜集，得到评价结果之后，将其反馈至不同的反馈对象，反馈对象通过利用信息、改进信息，再进行下一轮评价，如此循环形成一个闭合路线。

（二）反馈机制的运行

1.反馈机制的运行过程

教学评价反馈机制以学习为中心，此时教师和高校教学管理部门是反馈主体。评价主体是用人单位和学生，高校教学管理部门对评价信息进行处理与分析之后，再反馈至各反馈对象。

首先，在用人单位和政府评价等外部教学反馈主体中，社会相关部门、专业评价协会和高校是其主要反馈的对象。用人单位评价可以反馈给具体的院系、专业，也可以反馈至高校。政府评价反馈可以使得高校根据最终的结果得到奖励或者惩罚，但更重要的是促进学校进行整改，使得高校可以重视教师的教学质量，重视学生的学习质量。

其次，在高校教学管理部门反馈主体中，院部、相关教学管理部门、教师、学生是其主要反馈对象。反馈对象不同，其反馈内容也不同，反馈的内容主要有督导评价、教学检查、学生评教的信息。宏观反馈至人事处、教务处等全校相关管理部门时，要整合评价结果对其进行分类，不同的评价部门可以根据评价结果对自身的方案进行调整，各部门都能各司其职，提升能力，从而促进全校教育水平提升。中观反馈至院部时，要让院部对全校的情况有整体的把握，同时也要将在各指标项上与参照群体的比较情况反映给院部。微观反馈至教师时，要尽可能多地给教师提供信息，要让教师了解自己在全校、全院评教结果中的位置，也要让教师能够充分地了解评价结果，使得教师可以看到自身的不足，让教师为了学生的学习质量而改进自己的教学方法和课程计划等。另外，学生也要得到反馈，他们需要知道自己的评教是有意义的，从而形成一个良性的循环。

再次，学生反馈主体的反馈对象主要包括自己、同学和教师。教学应当以学习为中心，那么教学评价反馈机制也是如此，要以学习为中心，上述提到的问题才能得到改善。以学习为中心的教学评价反馈机制包括两方面的内容，分别是学生对自我评价信息和同伴评价信息的反馈。在此过程中，学生要了解到自己的优势，树立信心，使自己在未来的学习中更加有热情，同时也要看到自己的不足，明确自己改进的方向，逐渐改正自己的缺点，不仅如此，在这个过程中学生的评价能力也能得到发展。课程教学意见和课堂教学信息是学生反馈的信息主要内容，主要是对教师的反馈，这些反馈信息可以由学生个人进行提出，也可以是学生代表整合了同学们的评价信息后，将其反馈至教师或院部。

最后，在教师反馈主体中，学生、同行和自己是主要反馈对象。一方面，将教学和学习方面的信息进行搜集整理，教师看到这些信息之后会进行自我反馈，然后对自己的教学方法、教学计划等进行适当的调整；另一方面，学生可以看到自身的学习情况，他们可以看到自己在哪些方面存在不足，也能看到自己和别人的差距，从而更加清楚自己前进的方向和努力的目标，对学习更加热情，更有积极性。还有同行评价，同行评价者反馈给被评教师信息，也就是同行教学评价结果信息，同行评价具有独特的优势，但是同时也要注意通过积极的方式提出建议，对教师的教学成就提出肯定，使其仍旧保持积极性，对于教学更有热情，积极地改进自己的不足。以学习为中心的同行反馈，不仅是为了反馈教师本身的教学方法和课程设计，更重要的是让被评教师看到教学对学生的学习过程产生了怎样的影响，对学生产生了怎样的效果。

2. 反馈运行的特点

以学习为中心的高校教学评价反馈机制运行时，需要注重反馈运行的特点，要注意反馈时间的及时性、反馈内容的准确性与针对性、反馈途径的多样性、反馈方式的交互性。

首先，要及时进行评价反馈。有研究表明，如果及时反馈学生的学习，学生学习就会更有积极性，那么同样地，如果教师的教学能够及时得到反馈，他们也会更有教学的热情。因此，无论是让学生更有学习热情，还是让教师更有教学热情，及时的、具有激励作用的反馈信息都是十分重要的，这样可以使他们接下来的学习和教学的改进都有更全面的信息来进行参照。

其次，教学评价反馈应采用反馈对象（主要是被评价者）乐于接受的形式，主要的方法有文本式反馈、计算机系统反馈和面谈式反馈等。文本式反馈就是反馈主体让被评价者看到文本形式的评价结果或报告，无论在什么空间、什么时间，文本都能直接被评价者看到，同时被评价者也不会感受到压力，如教师的教学质量评价报告、学生的学业测评报告等。计算机系统反馈就是通过计算机来将教学评价数据信息高效直观地反馈给被评价者，但其缺点就是针对性欠佳。面谈式反馈就是通过面对面交流的形式将评价信息反馈给反馈对象，这种方法可以使得反馈者与反馈对象进行深度交流，可以快速灵活地反馈信息。

再次，反馈主体与反馈对象要一致理解反馈内容或信息，对于评价指标的内涵、概念等要能够有一致的理解。只有明确了评价反馈的内容，反馈对象才能准确把握并恰当地利用反馈信息，如对于学生深层学习与浅层学习的理解保持一致等。同时，反馈对象不同，就要有针对性地提供有关教学和学习的信息，如学习目标设定、教学内容组织等。学生特点不同，反馈信息也应当有所不同。评价信息相同，但是给教师和学生的反馈也是有区别的。

最后，以学习为中心的教学评价要求反馈主体与反馈对象、评价者与被评价者都能尽量地互动，这种评价活动不是单方的、独立的。反馈对象除了接受反馈信息，他们可以选择和反馈主体或评价主体进行交流，在交流中对评价信息产生更深入的理解，对于自身今后的改进方向和改进方法也更加明晰。通过反馈者与反馈对象共担，使得二者对反馈的认识不断循环往复上升。这种对话与交流包括教育主管部门之间的交流、高校与用人单位的交流、教师与管理人员的交流、教师与学生的交流、同行之间的交流等，是一种多方位的交流。

（三）反馈信息的作用

实现大学教学改进的促进以及为大学管理决策提供依据就是教学评价反馈信息的主要作用。

1. 促进大学教学改进与提高

大学教学与学习需要教学评价反馈信息促使其不断改进，这需要对学习目标与教学计划进行不断的调整，推进课程与教学改革，推动教学质量不断提高，促进学生学习持续改善。首先，学生在完成一段时间的学习后，需要达成的目标就是学生的学习目标，学习目标的确定对学习结果或教学效果评价也能产生指导作用。同样学习目标或教学目标也可以通过教学评价来检测其是否适合自身学习情况，高校、专业、课程在进行学习目标或者教学目标的调整与修改时，就可以以教学评价为依据进行调整。此外，高校在对教学计划进行修订的过程中，如制订人才培养方案、课程教学计划，可以参考评价反馈提供的信息，使学校能够根据学生与行业的需求来进行教学计划的制订。其次，在高校课程与教学的改革过程中，应当把教学评价与反馈作为改革的重要手段之一。学生在学习中收获了怎样的学习效果，教师教学对学生的学习产生了怎样的影响，在评价反馈中可以得到充足的信息，高校课程与教学改革也会因此有更多的参照。而教师在这个过程中，也能够对学生和教学进行更深刻的了解。最后，学生在想要改善学习策略，弥补学习薄弱环节的时候可以参考评价反馈，制订更加完美的学习计划，收获更好的学习体验，学习的效果和质量也能够得到进一步的提升。例如，在美国的阿尔弗诺学院，学校教育目标是围绕所有毕业生都应当具备的八项核心能力来制定的，把教育过程与教育的预设结果进行紧密的绑定，从而开展相关的教育教学活动。阿尔弗诺学院在经过全校所有教职工长久的不懈努力，让学校的各项机构变得新颖、独特、高效，使学校成为高校改革的模范代表之一。南京邮电大学的教学质量保障体系是以学为中心，这样的教学战略实施使学生在四六级考试通过率、学科竞赛、高质量就业率的满意度逐年提高，在校生的质量持续增值。

2. 为大学管理决策提供依据

大学管理决策提供需要依靠教学评价反馈提供的信息作为决策依据，而大学学术质量的提升又需要一个有序的、系统性的战略规划进行指引。在各个大学和学院知晓了自己能做和不能做、想做和不想做、应做和不应做的事项后，就能够实现对价值观和抱负、学术和财政方面的优势与劣势、领导者的能力和工作重点、环境趋势、市场取向、竞争形势等方面进行深入的分析。高校教学需要配备一个成体系的审查系统，而以学习为中心的高校教学评价正可以承担这样的任务。同时，学校发展状况的数据和信息也可以借着高校教学评价来收集数据和信息，而大学战略规划制定又需要这些数据作为决策和规划的依据。甚至一些学校为了保障在教学和其他方面的优势地位，把战略规划与评价和院校研究进行结合，这体现了高校对评价结果在规划中的足够尊重和重视，只有如此才能不断促进高校的发展，扩大高校的影响力。

改善教学与学习服务质量是每所高校都致力实现的目标，而评价体系能够帮助相关管理部门收集反馈信息，促成这一目标的实现。例如，高校可以根据教学评价结果信息来促进教师教学的发展，并根据评价结果对教师教学理论、教学与评价技能等方面进行针对性的指导和培训，或者从个性化的角度制订教师的个人专业发展计划。学生学习服务部门要想了解学生的需要和满意度，也可以通过发放面向学生的调查问卷，通过反馈了解自身需要提高和改善的为学生提供的学习服务。同时，如招生政策、院部评比、资源分配、教师考核等方面也可以通过教学评价反馈的信息对相关政策的制订获得相关的决策依据。总结性的教学评价结果往往更常应用于上面的那些工作中，而在奖惩或资源分配的工作中应用评价结果时，要注意对其积极因素进行运用，避免消极因素的影响。

二、形成有效的动力机制

曾经的大学实施的是"自治"，而现在的大学已经进入了质量"共治"的新时代。高校教学评价想要走进新的发展阶段，则需要高校内部和外部的共同努力。高校教学评价目前以学习为中心，它的实践道路上还存在着各种阻碍，只有在政府、社会和高校三方力量的共同推动下，才能实现高校教学评价新的发展。在这个过程中，在政府发挥的引导和助推作用、社会积极动员参与的情况下，高校自身更要有不断克服困难、追求进步的自觉，推动高校教学评价的发展。

（一）政府的推动

高校的发展受到政府及教育行政部门制定的政策和法规的影响，对其起着引领甚至是决定性的作用。评价体系在欧美发达国家已经获得了长足的发展，通过它们的发展经历，我们能够看到高校教学评价在外部问责的监督下，能够将焦点汇聚到学生的学习上，进而推动学生学习的不断进步。而落实在我国，根据我国当前的高等教育管理体制，高校的外部监督就是政府及教育管理部门，二者下发的评价政策与标准引领着高校教育管理制度的发展。我们可以从首轮教学评价的结果中看出，高校教学观与评价观的树立受到政府的评价理念与评价政策的影响，甚至许多高校内部开展的教学评价活动的评价标准都是依照教育管理部门制定的相关标准进行制订的，更有甚者，直接把政府评价的主要精神和指标都照搬了过来。还有一些老师在进行教师教学质量评价时，也使用了那些管理标准。或许这些标准能够十分显著地改善高校管理和办学条件，但对教学与学习质量的提升作用则是十分有限的。在政府发挥的引导和助推作用、社会积极动员参与的情况下，高校自身更要有不断克服困难、追求进步的自觉，推动高校教学评价的发展。

实际上，相关教育部门在近年采取了一定的行动做出应对。2011年，我国教育部下发《教育部关于普通高等学校本科教学评价工作的意见》（高教评价12条），明确指出教师和学生对教学工作的评价、对学生学习效果和教学资源使用效率的评价给予了特别的关注，另外对用人单位关于现下高校人才培养质量的评价也要给予特别的关注。2012年8月，教育部高教司下发的《关于继续试点部分高等学校编制发布（本科教学质量报告）的通知》，"学生学习满意度"被教育部门首次提出，成为《本科教学质量报告》主要内容的支撑材料。2013年，教育部下发《关于开展普通高等学校本科教学工作审核评估的通知》，指出学校人才培养目标与培养效果是审核评价的主要内容，而评价的核心是对上述评价客体做出评价，来彰显在人才培养质量中学校居于主体地位。各个高校在这些文件的督促下，开始对学生学习在教学评价中的位置进行重新思考。然而，这也仅仅是万里长征的第一步，甚至许多要求还不是十分具体，由此期待更多新的政策及制度的发布，推动高校教学评价能够把学生学习置于中心位置。

政府在推动高校教学评价的自主发展的同时，还需对自身的职能完成转变。政府、高校和社会在我国高等教育评价体系中同属于评价主体，但政府具有的行政权威导致评价的话语权最终还是落入了政府手中，高校和社会的发言的权利有所失去。因此，对政府而言，找准自己的定位，明白自己在评价体系中应当扮演监督者的角色而非评价者，给予大学进行自我评价、自我完善的机会。同时，对于高校教学评价的发展，政府也应当提供一个优秀教学的总体概念和假设，当然这个概念和假设也应当坚持以学习为中心。大学对自身教育目标和学习目标的明确和实施，就是政府进行评价的主要内容。作为监督者，政府要对学校是否完成制定的目标以及开展的教育教学活动是否符合教学目标的要求实施有效的监督。只有通过这样强有力的引导，高校才能对学生学习的评价给予更多的关注和支持，才能提供更加适宜学生学习的环境。只有政府真正地关心高校教育评价的发展和改革，高校的教职工才能真正实现教育质量的提升，实现更为切实可行的改革方案，那些具有远见的改革者也不会再受到无关痛痒的、吃力不讨好工作的困扰，才能更加敢于进行大刀阔斧的改革。

（二）社会的参与

在进行高校教学及评价的实践过程中，高等教育学术性组织和学科协会也对实践产生了重要的影响，它也是高校教学及评价实践的另一个主要力量。然而这些协会在关注教育的程度、内容和方向上呈现出各自的特点。但较之于中小学，中国的高教研究更加侧重宏观性研究，缺乏有关教与学的微观领域的深入研究，而后者才应当是专业的教育学者真正应该研究的专业领域。近年来，随着各种学术会议、论坛的开展，以学习为中心的教学评价逐渐走进人们的视野。例如，2012 年在武汉举办的本科教育变革国际学术研讨会，就是"以学生为中心"的主题，它深入探讨了高校教育教学效果和学习效果评价。2013 年，在中山大学召开了"中国大学生调查与院校教学质量评价"国际论坛，围绕"以学生为根本、以质量为核心"的理念进行了深入的解读。

当然，仅仅这些仍旧远远不够，我们的学术组织和学科协会还需要更多地研究有效教学在教学实践中的实施过程和结果，通过各种规模级别的研讨会的举办和召开，为高校教师介绍有关教学评价的方法和技巧。同时，对高校教与学的研究也需要更多的人员加入进来，并且要对评价应当与教学和学习进行有机结合这一点有较为清晰的认识，开展各种评价活动以求促进学习质量的提升。

大学排行榜的评价标准也应当有所改变，定义一所优秀的大学仅从声誉和科研方面去评价显然是不够的。在这方面，英国率先做出表率。英国《卫报》在2013年进行的新一年大学排行中，更加侧重从学生角度来考虑评价，评价的主要标准是全国学生调查、师资、生师比、毕业生的就业前景、本科新生以及毕业生的学业表现比较、最后一年本科生对课程的满意程度等。

从全国来看，能够对学生的学习结果做出统一评价的工具数量比较少，目前仅有四六级考试、计算机等级考试和各种职业资格证书考试。直接测量学生通识教育与技能的评价工具尚未成熟，间接测量学生学习与教学质量的工具目前也仍然有限。国外学者之所以能够提出诸多影响深远的测量模型，是因为他们对影响学生发展的诸多因素进行了长达十几年的观察和追踪调查，并且他们各种教学评价工具的开发也是在这些研究和模型的基础之上进行的。相较之下，我们在高校内推进以学习为中心的教学评价也需要开发出类似的问卷，并使问卷本土化、本校化。

（三）高校的自觉

对各单项评价的结果做好收集工作，并对教育组织整体教学情况进行考量，这些都是高校院系教学评价和高校综合自评系统的应有之义。首先，学生预期的学习结果要加以明确，并不断收集学习结果的证据。其次，要了解学校及院系是否在实施能够促成教育目标和学习目标实现的教学活动。另外，高校及院系可以采用以学习为中心的内容框架，这个框架对于其自身情况改编进行自评也是非常适用的。例如，是否对教师提供了继续学习教育学、学习理论的相关培训及讲座，是否为教师进行教学方法改革提供了必要的资金支持，是否对学生的学习困惑、就业咨询等提供了相关的支持。

学生对教学和学习的体验、感知及自我的能力提升是课程与教学评价中十分重视的环节；教师同行之间要相互学习和互相促进，同行和专家要发挥自身在评价中的积极因素，强调教师要注重教学与学习资料的收集，教学档案袋的整理与教学自我评价。同时，还要积极鼓励从学校、专业、课程等层面去评价学生学习的结果，构建有效的校内教学自我评价与保障体系。

类似校长这种高校的高层管理者，对于本校开展的以学习为中心的自我评价、教学改革与实践，应当给予支持和鼓励。大学中的教师、管理者、学生都需要在这些理念、管理、政策的引导和鼓励下，积极地参与到高校教学评价中来。高校制定的教学评价标准要能够支持教学活动从"教"到"学"的重要转变。为了让学生的学习体验更加丰富，学生的学习与发展得到进步，高校需要引导教师和全体工作人员努力创造更好的环境。

教师自身也应当为改进而付出努力，这个改变就是从学生学习的角度去设计教学，评价学生的学习和自己的教学，并不断反馈与改善。教师们对"教与学"方面的研究开始进行熟悉和研究，并在自己的教学中开始思考如何将这些新的成果加以运用；他们一边对自己的教学进行反思，一边又对新的教学方法进行尝试；他们注意收集学生学习的信息，并进行课堂评价和研究。

评出真正优秀的教学是学生们的权利和责任。高校教育需要做的就是引导学生思考什么样的教学是好的教学，进而完成对教学的重新定义。当然也有研究表明，部分学生的心中认为课堂教学效果、师生交流、自我体验等才是最为重要的。但是合理的表达的渠道是无论怎样都应当为学生们铺设的，让学生的这些声音能够传递到学校领导的耳中。若是在评教指标中仍然让学生回答教师是否为人师表、备课充分、上课有激情等问题，学生就不能将自己的心声和感受表达出来，那一定不是优秀的教学。所以，高校在对学生进行培养和引导时，应当从多个方面、多种角度开展培养和引导，并加快对评教指标的改善进度，对学生评教内容、运行等方面存在的不足尽快改进，确保让评价机制真正地发挥自身的价值，让学生评出真正教学优秀的教师。

三、提供有力的保障机制

（一）提升评价者专业素养

现在的高校教学评价提倡以学习为中心，该评价系统在实施过程中要把评价与学习、教学相结合，以及运用定性与定量相结合的多元评价方法和分析方法，这就对我们的评价者提出了新的要求。高校教学评价能否胜任评价的工作，重点是那些推动高校教学评价的工作人员和教师的评价素养。

因此，高校为了保障以学习为中心的高校教学评价能够有效开展，需要对评价者的专业素养加以提升，这将成为能否有效开展高校教学评价的重要保障。教育部本科教学评估工作在近年陆陆续续地开展，高校内部加强了对教育教学质量的监控，评估与监测机构或增设在教务处的教学质量监控科，就是为保障全校教学质量工作而专门配备的。然而，这些专门配备的人员仅仅具备相关的实践经验是不能胜任这份工作的，还需要他们对教育评价、教育学和学习的理论知识有较为清晰的了解，以及在数据统计、分析和建构能力等方面有一定的基础。有两种途径可以让评价人员的专业素养获得提升：一是通过研究生教育系统培养；二是对在职人员进行专业培训。比如美国在培养评估专业人员时，就利用了研究生教育培养系统。同时，美国院校研究协会还对众多从事院校研究的评估人员开展培训和资格认证活动。当前，我国高校的教育管理队伍不断壮大，主要是依靠研究生教育阶段开设的教育管理、高等教育学等专业培养的毕业生加以充实，但现在仍缺乏能够胜任高等教育评估工作的专业化评估人才。在全国，高等教育学等专业下开设了"教育管理与评价"方向来培养专门从事评估专业或方向的硕士和博士的高校，仅仅是极少数的。因此，一方面评估专业的硕士和博士依旧要加大力度培养，或在高等教育学等专业开设相应的评估理论、评估与政策、测量与统计、大学教学与学习理论等课程。另一方面，为高校评估人员开展各种培训班和研讨会的机会，让他们能够获得更多学习和提高的机会。

（二）加强评价的制度建设

制度保障体系的完整构建，需要把以学习为中心的高校教学评价顺利实施作为基础。首先，需要对大学评价制度进行重构。高校需要外部力量去推动它去尝试以学习为中心的教学及评价体系的构建。高校的中心职能是人才的培养，而在对高校进行评价的时候，政府和社会也应当将大学期间学生的学习结果和发展程度，以及高校为促进学生进步所作的努力作为标准。如果政府和社会不再对引进了多少优秀人才、多少有价值的图书与设备，而是对大学培养优秀人才的多少更加重视和认可；经费不是向科研水平突出的高校倾斜，而是更多地照顾为教学和学生学习付出辛勤汗水并取得成功的高校，那么高校教育的风气必将为之改变，大学及其领导人会为了促进学生学习的不断进步，提供更加适宜的学习环境。

其次，校内的教学评价制度需要有效构建起来。一是要想使评价能够持续、规范地开展，就必须以制度形式将学生学习结果评价确定下来。二是对于学生评价制度的完善，学生评价要"形""神"兼备，高校相关部门和人员要对学生的在校体验和个人收获加强关注。三是对同行、专家和自我评价制度的不断完善。高校的领导层级要对院系和教师进行积极的引导，对学生的学习要给予更多的关注，并为学生的学习创造更加适宜的学习环境。同时，在教学模式、教学方法等方面，要持续督促校内相关部门及教师，推动高校教学的深层改革与持续发展，促进教师教学质量的不断提高。

（三）营造良好的评价文化

营造良好的评价氛围和评价文化是以学习为中心的高校教学评价收获良好成效的必要条件。首先，必须要求全体成员都参与到评价中来，这是因为学生的学习是全校范围内的一个共同责任，评价正是履行这一责任的方法之一。因此，要想对高校教学评价进行更大范围的改进，全校各部门就要都参与到评价中。高校在开展教学评价时，能够实现教学评价推进的主要力量是教师，教师不仅要收集、评价和反馈学生在课程、专业等层面的学习成果，同行之间的评价也需要相互交流与分享。

对于评价教学而言，学生是十分重要的评价主体。在评价教学中，最重要的评价内容就是学生对教学的感知和自身的学习体验。不仅是学生，教学管理人员也应当积极参与到教学评价的实践之中。各个校内机构也要相互支持与配合，这样才能为评估工作的有效开展提供重要的保障。

其次，注重持续评价以改善教与学。以学习为中心的高校教学评价不仅仅可以作为学校日常管理的手段，它更是能够实现教与学的持续改善的有效工具。以往许多高校中的教学评价只是作为对教学优劣进行评价的一种管理工具，然后再依据评价结果做出一定的奖惩，但是这样的制度对教学和学习没有实质性的改善，这也就是教师们反感教学评价的原因。只有做好对评价结果的利用，让评价融入教学之中，才能让良好的评价氛围建立起来，教师们也才会逐渐接受教学评价，教学评价对教师教学和学生学习的重要意义才能被更好地体现。

（四）确保充分的资源配置

人力、物力、财力的支持是高校教学评价得以在学校内开展的重要因素。就人力而言，相关的评价工作需要在高校内开展，需要有专门的评价人员来负责。同时，教师、学生和其他教职员工的共同参与在高校教学评价的工作中也是十分必要的。就物力而言，面对教学评价管理、指导、协调等工作，在高校中成立相应的校级评估机构可以说是一种必须。就财力而言，高校教学评价的筹备与实施的各个环节都需要大量的经费支持，如引进和开发学生调查问卷工具、教师教学与评价技能培训的开展、学校教学评价数据库建设、考试改革、教师教学激励等。

四、注重元评价机制

（一）元评价的内涵

对教育评价的再评价就是所谓的元评价，早在 1940 年，元评价的思想就在"评价的评价"中提出了，而真正作为"元评价"一词出现在人们视野里是在 1969 年由斯克里文首次提出的。不同学者对元评价的概念评价不同，概括起来主要有以下三种。一是强调"评价与政策之间的关系"。在库克看来，对某一特定评价的资料、解释与启示进行再评价，再对原评价设计与有关政策之间的关联性进行检验，这就是元评价的特点。当前正在实施的有关政策措施可以通过对基础研究或已有资料的评价，来检验其实施效果，甚至可以利用这些评价考察出台新政策的可能性。二是强调"过程"。斯塔弗尔比姆认为，元评价是获取和运用那些评价的效用性、可行性、适切性和精确性，以及其系统本质、行为能力、诚信度、受尊重程度和社会责任感方面的描述性和评价性信息，以引导评价的进行并向公众报告该评价的价值和缺陷的过程。三是强调"功能"。斯克里文和克伦巴赫认为，评价一项评价系统或评价工具的评价就是元评价要做的，这种评价就是要对评价偏差进行控制，使评价质量得到提高。故有学者认为，对教育评价工作本身进行再评估，需要按照一定的标准或原则进行评价，其目的是对教育评价实现规范与完善，让评价的积极功能得到充分的发挥。

第二种以学习为中心的教学评价的元评价，它是在一定的理论框架与价值标准的约束下进行的，对以学习为中心的高校教学评价进行再评价的活动，既包括对评价组织、管理运作方面的评价，又有评价方案设计、评价过程、评价结论等环节的评价。

（二）元评价的目的

一般来说，在高校教学评价的元评价机制的运行过程中，元评价标准是作为元评价主体对原评价在实施各环节或性能方面的表现做出判断的依据。而原评价主体进行改进和调整，就需要元评价结果反馈至原评价主体，特别是原评价偏差的反馈。如果元评价机制能够建立完善，其目的性有以下三点：首先，高校教学评价"以学习为中心"的前进道路，可以受到高校教学评价元评价的引导。高校教学评价的设计者和实施者也需要通过元评价标准的设置，对评价方案与标准的设计及实施进行引导，将以学生为本、关注学生学习与发展的理念充分体现出来。同时，教学评价在实施之前，评价者可以按照实用性、可行性、适切性、精确性等原则与元评价标准进行对照，如果二者之间存在着较大的差距，教学评价就失去了实施的必要性，或者需要在实施前进行再调整。

其次，原评价结论和原评价整体效用，能够在以学习为中心的高校教学评价的元评价指引下得到确认，为做出决策提供参考价值。这类总结性的元评价，通常的实施阶段是在原评价完成之后，以学习为中心的教学评价过程的科学性、可靠性需要通过元评价进行分析，而对整个教学评价可信度和有效性的认定，也需要对评价结果进行抽样复核。在此基础上，对原评价结论和原评价整体效用的确认，还可以利用评价结果能否被被评对象接受、评价结果产生的功效等来实现。

最后，评价本身的理论与实践的不断改进，需要以学习为中心的高校教学评价元评价的不断支持才能完成，此类元评价被称为形成性元评价，这类元评价的实施是在原评价进行的过程中或结束后进行。

在原评价的进行过程中，元评价可以对以学习为中心的高校教学评价目标、评价者、评价标准和指标、评价方法、评价实施过程等方面进行综合性的评价，确保原评价过程中存在的偏差问题能够及时发现，并对评价过程使用的方式方法等做出及时的调整与改善，促使教学评价质量的提高。但是，以学习为中心的高校教学评价的理论研究尚不成熟，在实践的过程中难免会出现不同程度的偏差，此时元评价对高校教学评价的监控就显得异常重要。对评价实践活动的检测与纠偏可以利用元评价来实现，甚至对高校教学评价理论体系的审视与反思也能够利用元评价来促成。有了这样的"神兵利器"，高校教学评价的理论与实践才能不断地完善和发展。

（三）元评价的标准

对教育评价进行再评价就是所谓的元评价。元评价在评价活动中是一种特殊的存在，其衡量评价价值与品质的标准被称为元评价标准。一般元评价标准由两种方式构成：一种是由评价各环节的内容构成的标准，另一种元评价标准则是以学习为中心的高校教学评价。高校甚至可以结合自身特征自行制订相关标准，来对教学评价的质量进行评价，不过这种标准的制订依旧需要以元评价标准为蓝本。下面以课程评价进行举例，对以学习为中心的高校教学评价的元评价标准进行简要地概述。

1. 效用性标准

为了满足利益相关者的需求，并将有关的评价信息提供给这些人，这就是效用性标准的目的。首先，在评价准备阶段，需要组织值得信赖的评价者，而且还能够对课程教学的能力进行评价；在学生评价方面，评价人数也是需要确保的；而利益相关者的需求，特别是学生的需求，需要全方面地关注和注意评价给他们带来的影响；对于改进课程与教学质量的评价，要确认这些评价是否能够促进学生的发展。

其次，在评价实施阶段，评价参与者在评价过程中应当被评价者鼓励，并希望他们能够对自己的理解和行为进行重新发现、诠释或改善；最后，评价结束阶段，要及时、清晰、完整充分地解释评价结果的交流与报告，要做好防止误用和滥用评价结果此类事件的发生。

2. 可行性标准

评价的切实可行、灵活规范以及评价的有效性和效率的提高，都要依靠可行性标准的保障。首先，评价指标有着较高的设计内容效度，评价需要的、与教与学相关的重要信息，能够有效地测出。其次，要具备切实可行的评价操作程序，评价方法与工具也要求具有简便、有效的特点，对协调各种利益时也能充分发挥其性能，促使有关资源的高效利用。最后，评价具有成本效益。

3. 适切性标准

对评价参与者的利益给予保护，来实现评价的合理、合法性，这就是适切性标准存在的目的。对于利益相关者的诉求，评价要能及时回应与包容；对评价参与者的权利及利益，要给予尊重和维护。当评价过程及结果引发了利益冲突，需要对评价结果的产生过程进行开诚布公，避免评价过程及结果失去公信力。

同时，要公开公正地进行评价活动，评估结果也要在有关法律许可的范围内公布。此外，还需遵守一定的财务管理制度。

4. 精确性标准

要想确保评价可靠性和真实性，以及当前被评方案的价值或优点，就需要精确性标准的支持。首先，评价准备阶段，设计方案应当明确而详尽。其次，在评价实施阶段，要确保评价信息的客观、真实、全面，并对该信息的来源加以阐明。最后，评价结束阶段，评价结论的证据应充分而明确，评价沟通与报告要防止误解、偏见和错误，应当保证沟通与报告的充分和准确。

参考文献

[1] 吕东刚，谭维智．高校教学改革的"数据迷思"及其超越 [J]．江苏高教，2022（06）：92-101.

[2] 陈明睿．互联网信息技术在高校教学改革中的具体应用 [J]．数字技术与应用，2022，40（05）：28-30.

[3] 王小骄，笪宁．应用型高校教学改革 OMO 范式转换及路径设计 [J]．浙江万里学院学报，2022，35（03）：111-116.

[4] 唐小平，张晓煊．基于翻转课堂的高校教学改革研究——以林业经济学为例 [J]．科教文汇，2022（06）：77-79.

[5] 尹欣，司建楠．"云课堂"高校教学改革与发展的研究 [J]．高教学刊，2022，8（03）：134-137.

[6] 鲍仙君．智慧教育环境下高校教学改革研究 [J]．普洱学院学报，2021，37（06）：134-136.

[7] 王志强，张凤晶，周东亮．信息技术背景下的高校教学改革 [J]．现代交际，2021（21）：161-163.

[8] 梅雪莹．高校混合式教学模式改革对策研究 [J]．产业与科技论坛，2021，20（15）：172-173.

[9] 张锐，张佳，郭宇刚．创新思维下高校教学改革研究 [J]．品位·经典，2021（11）：151-153，156.

[10] 王安琪，王侃．高校教学改革项目管理优化对策分析 [J]．科教文汇（中旬刊），2021（05）：7-8.

［11］张栋.慕课背景下高校教学改革的挑战与应对策略［J］.创新创业理论研究与实践，2020，3（24）：49-50，56.

［12］蒋惠凤，刘益平，张兵.在线教育方式下高校教学改革的行为选择、动因与对策研究［J］.黑龙江高教研究，2021，39（01）：150-155.

［13］周跃良.高校教学改革将迎来黄金时代［J］.教育发展研究，2020，40（11）：3.

［14］邵源春，张焱，暴云英."慕课"浪潮引发的高校教学改革思考［J］.教育教学论坛，2019（12）：128-129.

［15］于佳.慕课视角下高校教学改革面临的挑战与对策［J］.中国成人教育，2019（03）：54-56.

［16］朱云霞，张红玲."互联网+"背景下高校教学改革初探［J］.黑龙江教育（高教研究与评估），2019（02）：61-63.

［17］张幸花.互联网+思维下的高校教学改革［J］.中国高校科技，2018（08）：95-96.

［18］李清泉，黎军，孙忠梅，等.基于MOOC的地方高校教学改革探索［J］.中国高校科技，2018（03）：8-10.

［19］张国培.论"互联网+"背景下的雨课堂与高校教学改革［J］.中国成人教育，2017（19）：94-96.

［20］姚胜永，乔博帅，高力强."互联网+"背景下高校教学改革探索［J］.教育教学论坛，2017（46）：266-267.

［21］韩筠.创新教与学推动新时期高校教学改革［J］.中国大学教学，2017（06）：11-14.

［22］谭诗麒.现代教育理念视域下的高校教学改革研究［D］.长春：长春工业大学，2017.

［23］潘懋元，陈斌."互联网+教育"是高校教学改革的必然趋势［J］.重庆高教研究，2017，5（01）：3-8.

［24］张振宇."互联网+高校教学"改革的路径与对策［J］.煤炭高等教育，2016，34（04）：54-57.

［25］赵俊芳，崔莹.翻转课堂的内在意蕴及高校教学改革的未来走向［J］.中国高教研究，2016（06）：105-110.

［26］张振宇.高校教学改革政策的多源流分析：议程、方案与机制［J］.国家教育行政学院学报，2016（05）：36-41.

［27］吴维仲，关晓辉，曲朝阳."慕课"浪潮引发的高校教学改革思考［J］.东北师大学报（哲学社会科学版），2015（02）：190-194.

［28］王海荣，王美静.国外 MOOC 评估报告对我国高校教学改革的启示［J］.中国远程教育，2014（03）：37-41.

［29］李宝华.基于研究性学习的高校教学改革［D］.新乡：河南师范大学，2012.

［30］李媛.基于大学生学习状况的高校教学改革研究［D］.开封：河南大学，2012.